超易上手

象棋基本战术
综合训练

刘锦祺　编著

化学工业出版社
·北京·

图书在版编目（CIP）数据

超易上手：象棋基本战术综合训练/刘锦祺编
著.—北京：化学工业出版社，2023.1
ISBN 978-7-122-42372-6

Ⅰ.①超… Ⅱ.①刘… Ⅲ.①中国象棋–基本知识
Ⅳ.①G891.2

中国版本图书馆CIP数据核字（2022）第195261号

责任编辑：杨松淼　　　　　　　　装帧设计：李子姮
责任校对：宋　夏

出版发行：化学工业出版社（北京市东城区青年湖南街13号　邮政编码100011）
印　　装：大厂聚鑫印刷有限责任公司
880mm×1230mm　1/32　印张6　字数200千字　2023年3月北京第1版第1次印刷

购书咨询：010-64518888　　　　　　售后服务：010-64518899
网　　址：http://www.cip.com.cn
凡购买本书，如有缺损质量问题，本社销售中心负责调换。

定　　价：49.80元　　　　　　　　　　　　版权所有　违者必究

前　言

　　象棋最美妙、最精彩的部分莫过于战术的运用，战术运用能力的高低是衡量棋手棋力水平的重要标准。

　　战术的运用水平是指棋手发现战术和创造战术两方面的综合能力。所谓"发现战术"是指棋局中存在运用某些战术的条件，或者是发起战术的时机已经较为成熟，我们准确发现战机并加以把握。而"创造战术"是指棋局中尚未存在运用某种战术的条件，我们需先运用某些手段来为特定战术的使用做准备、打基础。

　　初级棋手的训练无疑是从发现战术开始的，而中、高级棋手更多是要锻炼创造战术的能力和意识。前者是相对简单的，强调的是熟练度的训练；后者相对复杂，强调的是创造性思维的训练。

　　本书就是以发现战术和创造战术两个方面作为选题标准，把象棋的18种常用战术分为11类，共计440个练习题。在题目的难度上，本书所有练习题均控制在6个回合以内（含6个回合），把发现战术和创造战术的练习相结合，不同棋力的爱好者均能通过对本书的学习，加深对战术的理解并提高战术的实战运用能力。

在这里有两点要说明：一是全书所有的练习题均为红方先行，战术运用也均是由红方来发起；二是练习题的最终结果绝大多数都是红方通过运用战术而获得优势乃至形成杀棋，仅有个别练习题是红方通过巧用战术来谋和，这类练习题会在题号位置有所标注。

最后，笔者想跟读者朋友们特别强调的是，战术的运用能力是可以通过训练来提高的，足量的战术训练可以让我们在大脑中形成"感知记忆"，这种记忆就是高手们常说的战术嗅觉，无论你有多高的棋力水平，在日常练习中训练战术的运用都是必不可少的一环，它定会让你在实战对局中受益匪浅！

刘锦祺

目 录

第一章 闪击、闪将、腾挪战术

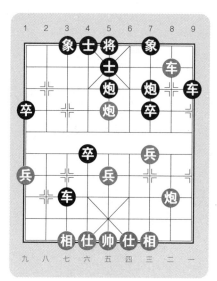

第1题

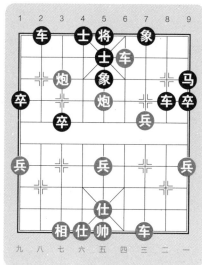

第2题

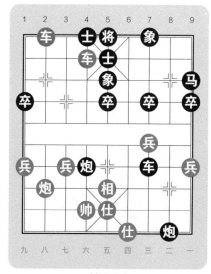

第3题

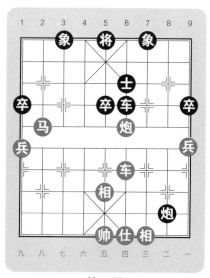

第4题

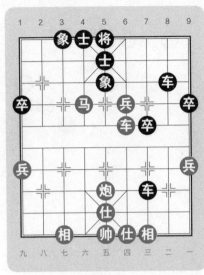

第5题

第6题

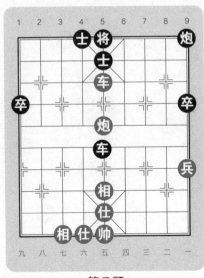

第7题

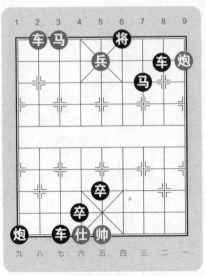

第8题

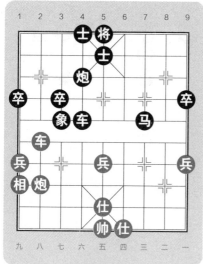

第9题

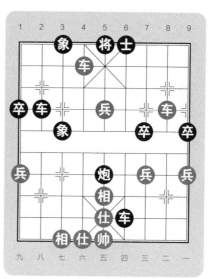

第10题

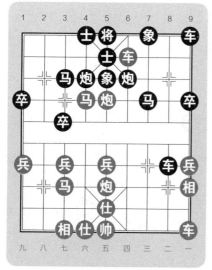

第11题

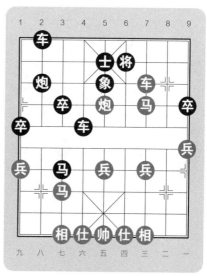

第12题

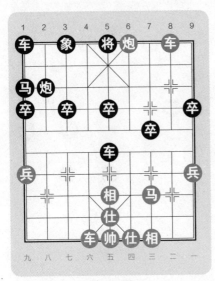

第 13 题

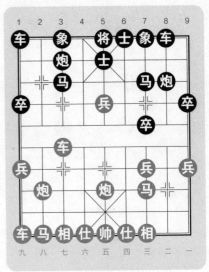

第 14 题

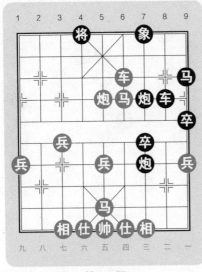

第 15 题

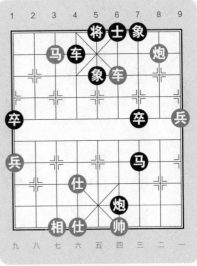

第 16 题

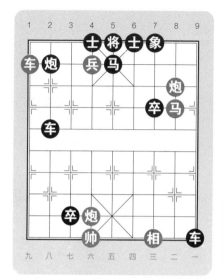

第17题

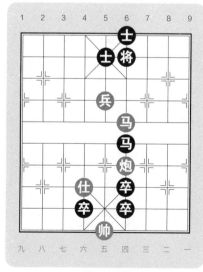

第19题

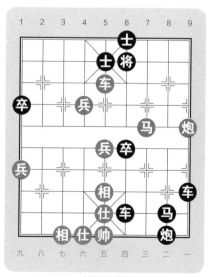

第18题

第20题

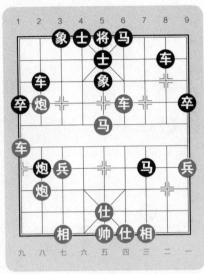

第21题

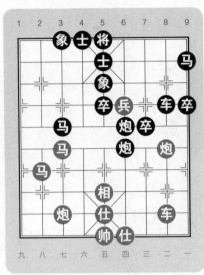

第22题

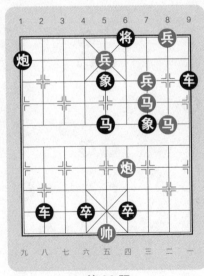

第23题

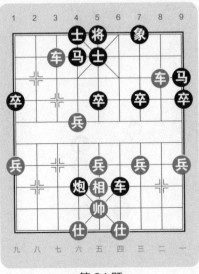

第24题

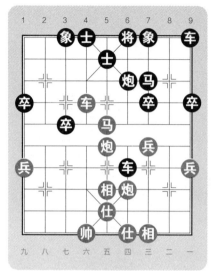

第25题

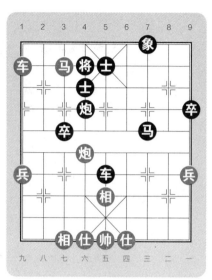

第26题

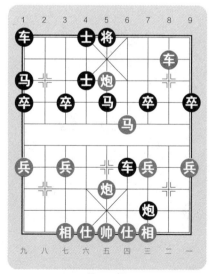

第27题

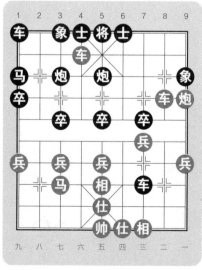

第28题

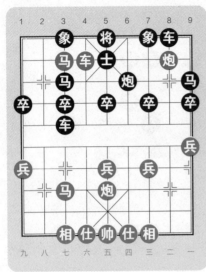

第 29 题

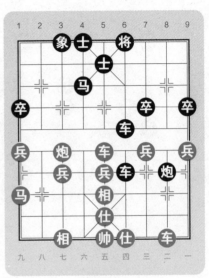

第 30 题

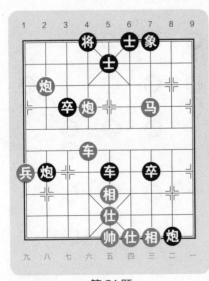

第 31 题

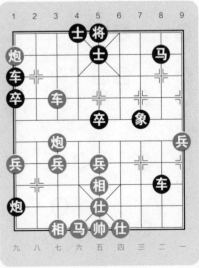

第 32 题

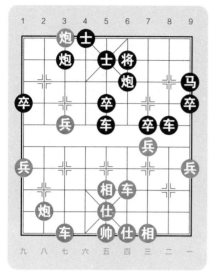

第 33 题

第 34 题

第 35 题

第 36 题

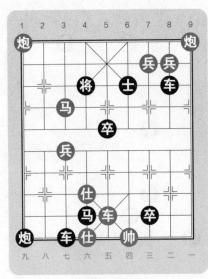

第 37 题

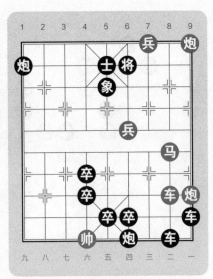

第 38 题

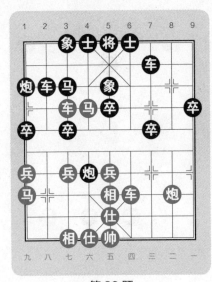

第 39 题

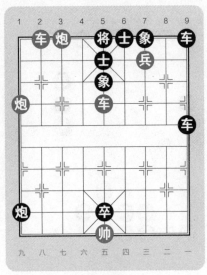

第 40 题

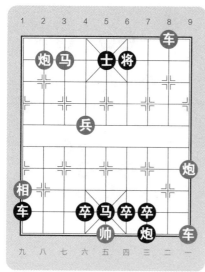

第 41 题

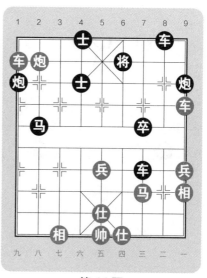

第 42 题

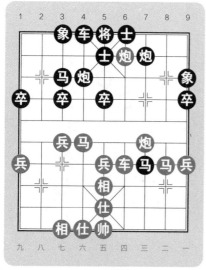

第 43 题

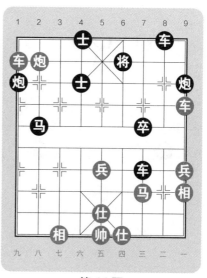

第 44 题

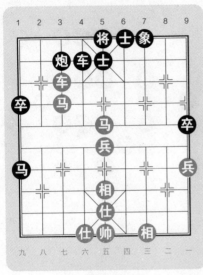

第 45 题

第 46 题

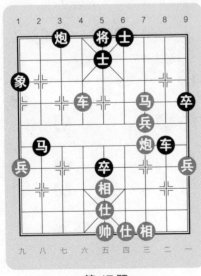

第 47 题

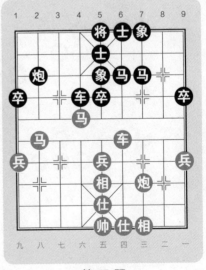

第 48 题

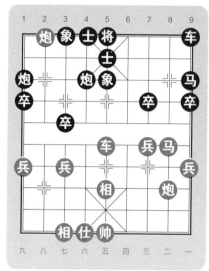

第49题

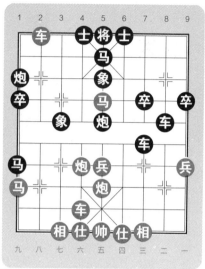

第50题

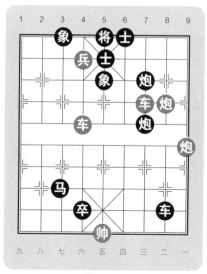

第51题

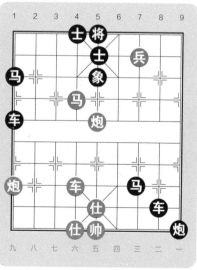

第52题

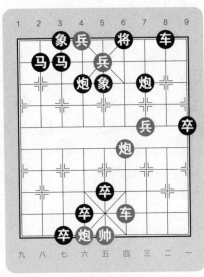

第53题

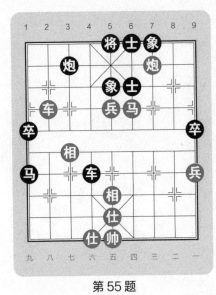

第55题

第54题

第56题

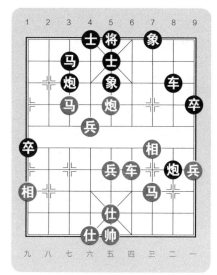

第57题

第58题

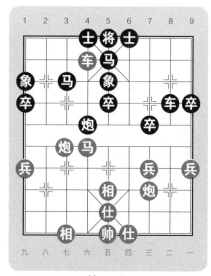

第59题

第60题

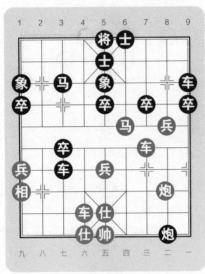

第61题

第62题

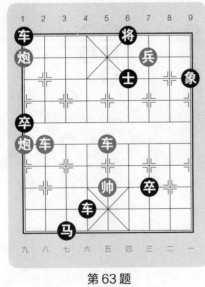

第63题

第64题

第二章　牵制战术

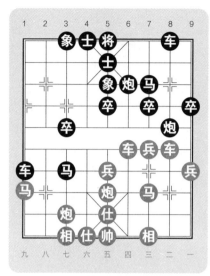

第65题

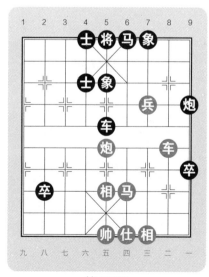

第66题

第67题

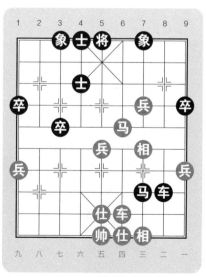

第68题

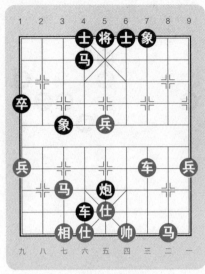

第69题

第70题

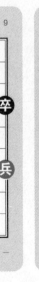

第71题

第72题

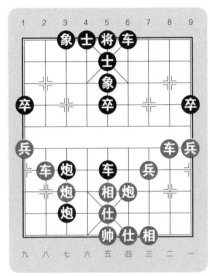

第73题

第74题

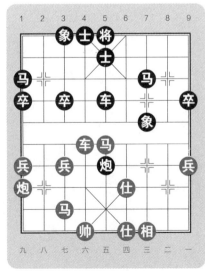

第75题

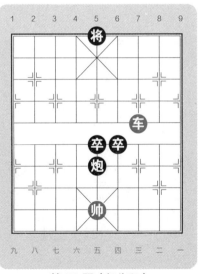

第76题（红先和）

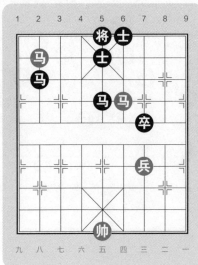

第77题

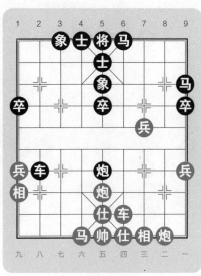

第78题

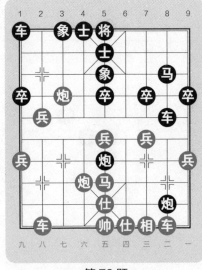

第79题

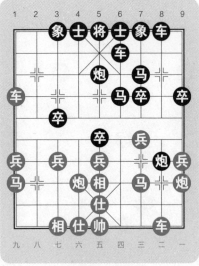

第80题

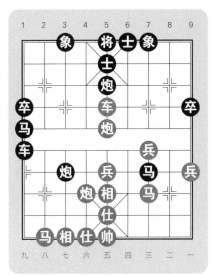

第81题

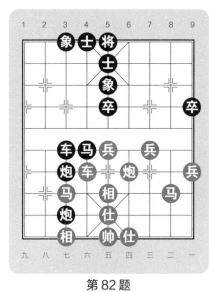

第82题

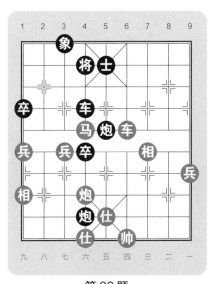

第83题

第84题

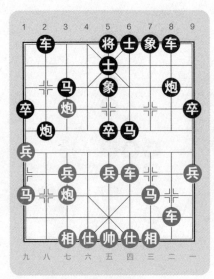

第85题

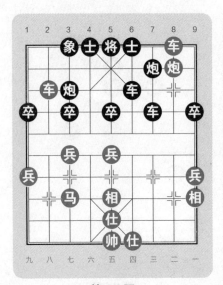

第87题

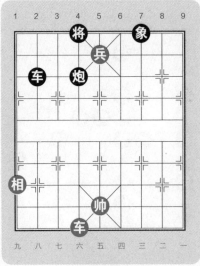

第86题

第88题

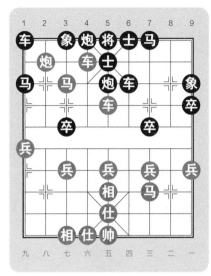

第89题

第90题

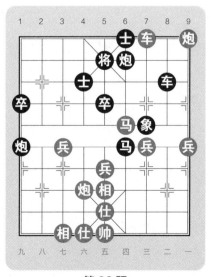

第91题

第92题

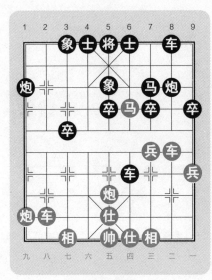

第 93 题

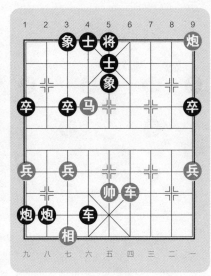

第 94 题

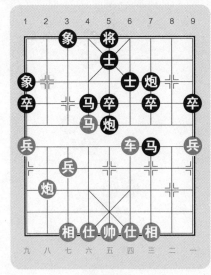

第 95 题

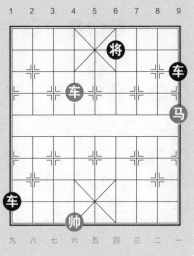

第 96 题（红先和）

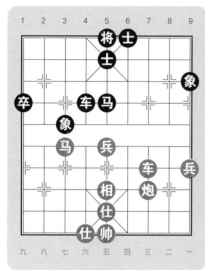

第97题

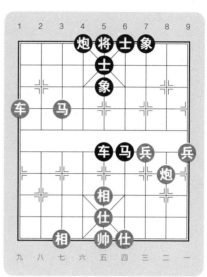

第98题

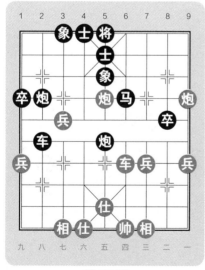

第99题

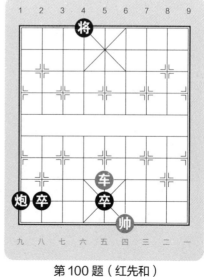

第100题（红先和）

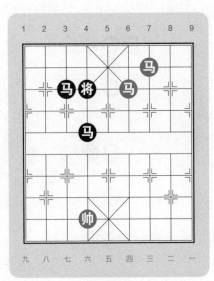

第101题

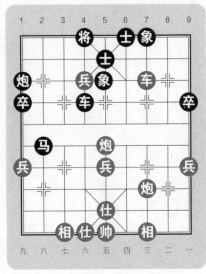

第103题

第102题

第104题

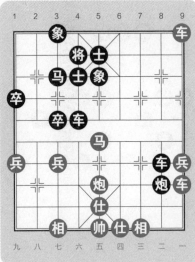

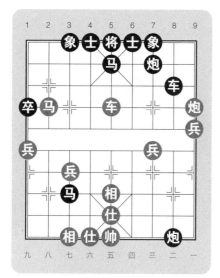

第105题

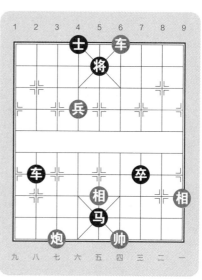

第106题

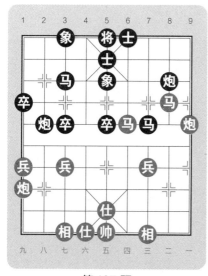

第107题

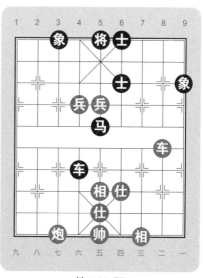

第108题

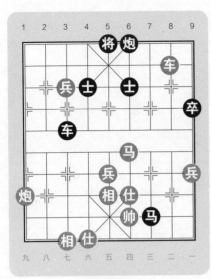

第109题

第110题

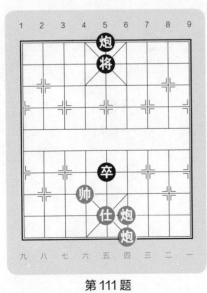

第111题

第112题

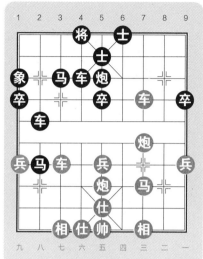

第 113 题

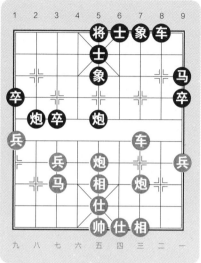

第 114 题

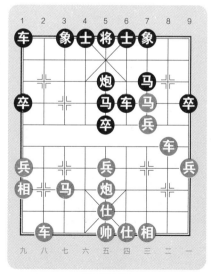

第 115 题

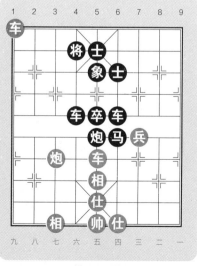

第 116 题

第三章 捉双战术

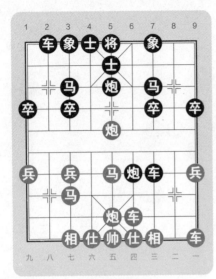

第117题

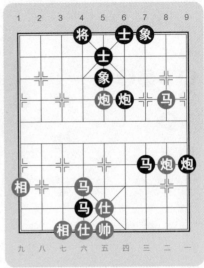

第118题

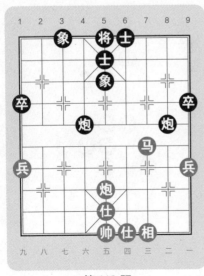

第119题

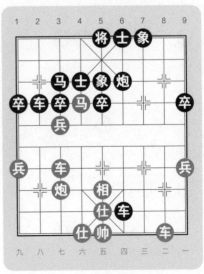

第120题

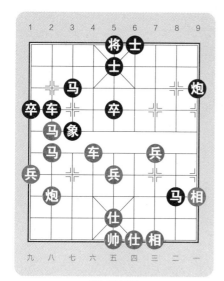

第 121 题

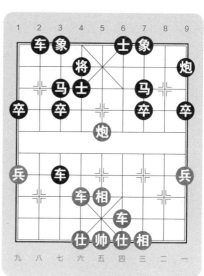

第 122 题

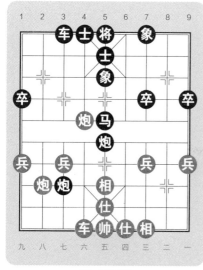

第 123 题

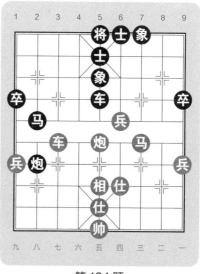

第 124 题

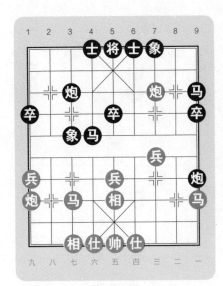

第125题

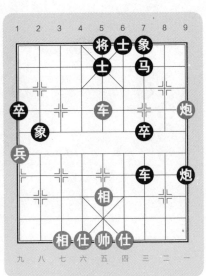

第126题

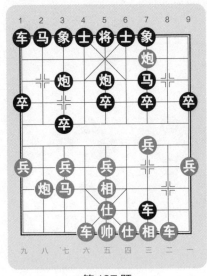

第127题

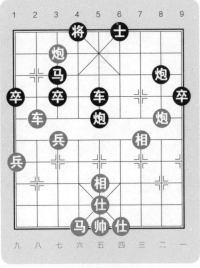

第128题

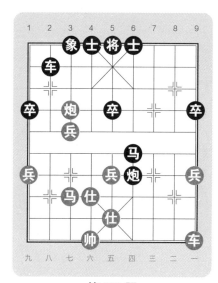

第129题

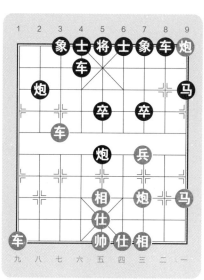

第130题

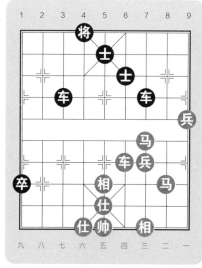

第131题

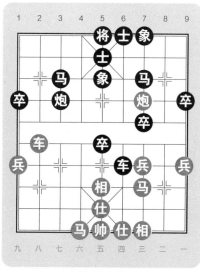

第132题

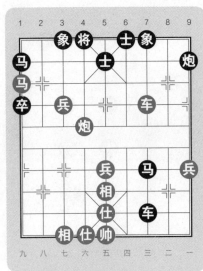

第133题

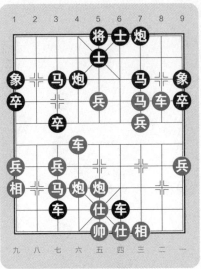

第134题

第135题

第136题

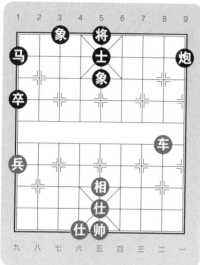

第137题

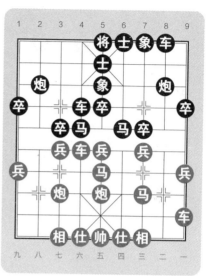

第138题

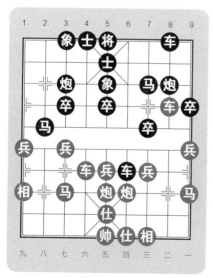

第139题

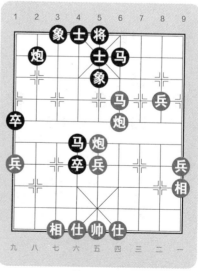

第140题

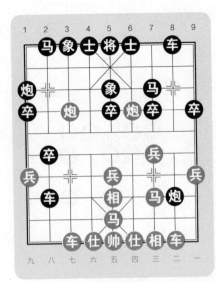

第141题

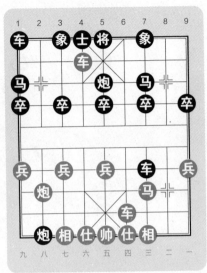

第142题

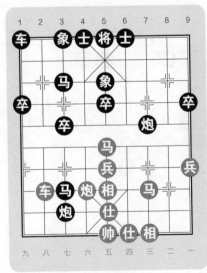

第143题

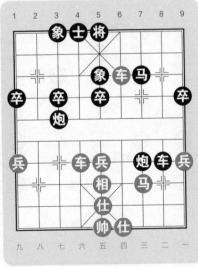

第144题

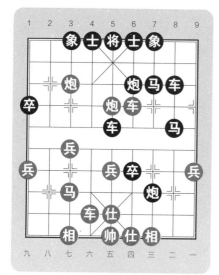

第145题

第146题

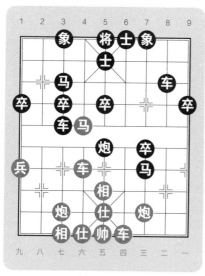

第147题

第148题

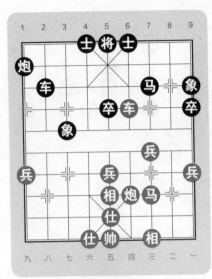

第149题

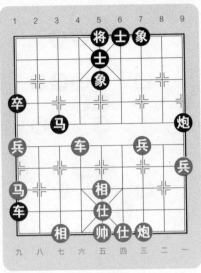

第150题

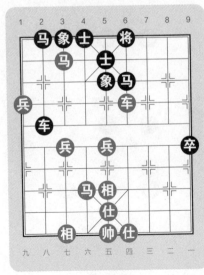

第151题

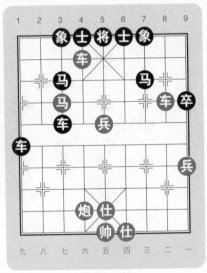

第152题

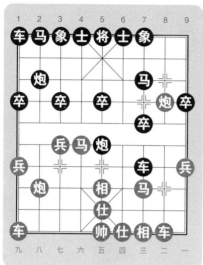

第153题

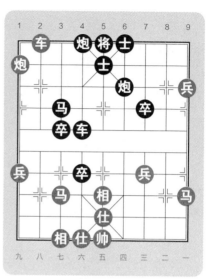

第154题

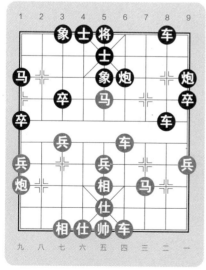

第155题

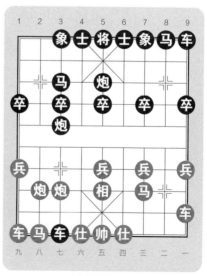

第156题

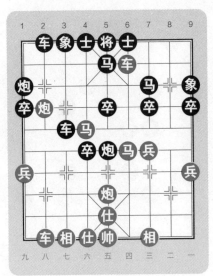

第 157 题

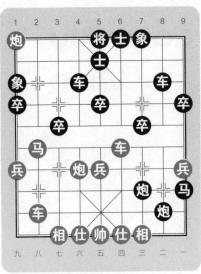

第 158 题

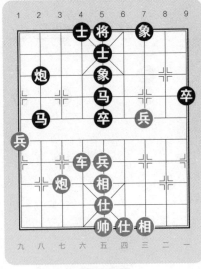

第 159 题

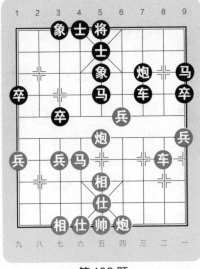

第 160 题

第四章　引入、引离、逼迫战术

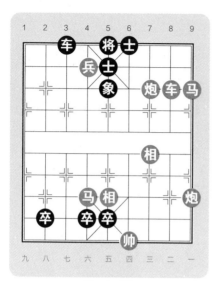

第161题

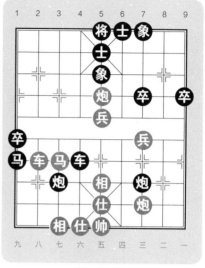

第162题

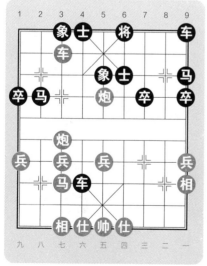

第163题

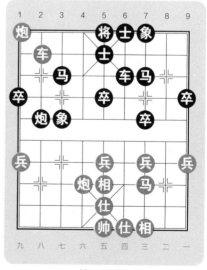

第164题

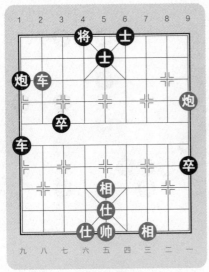

第165题

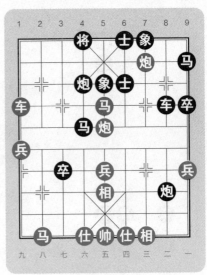

第166题

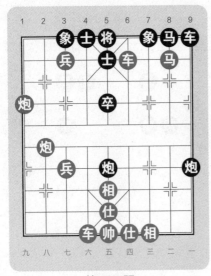

第167题

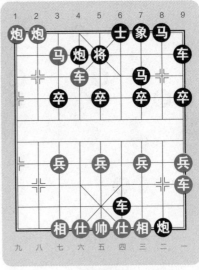

第168题

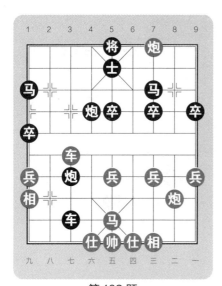

第169题

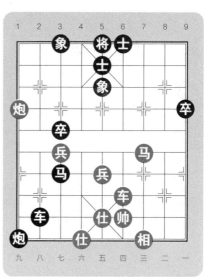

第170题

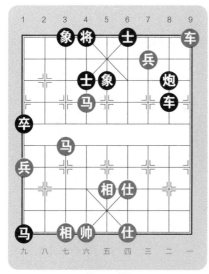

第171题

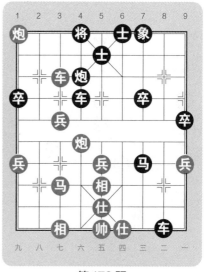

第172题

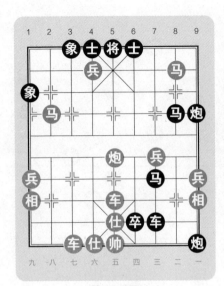

第 173 题

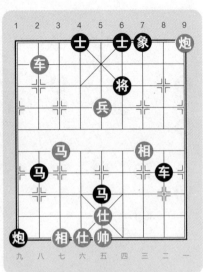

第 174 题

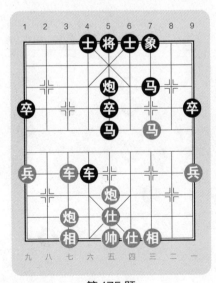

第 175 题

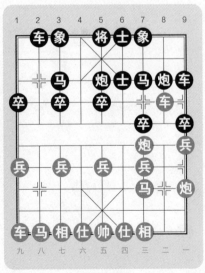

第 176 题

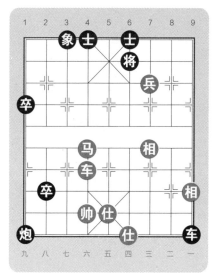

第177题

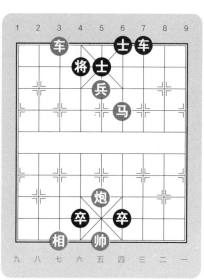

第178题

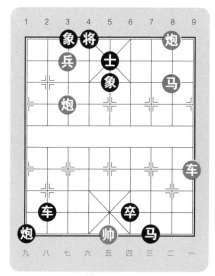

第179题

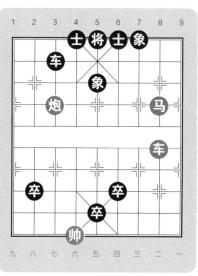

第180题

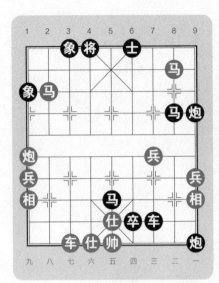

第 181 题

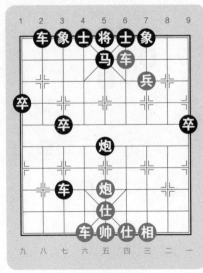

第 183 题

第 182 题

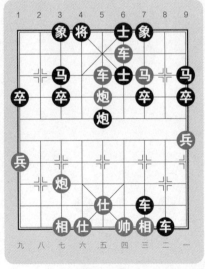

第 184 题

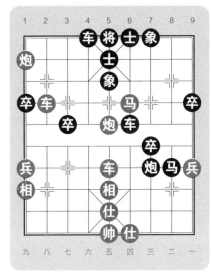

第185题

第186题

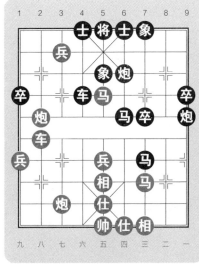

第187题

第188题

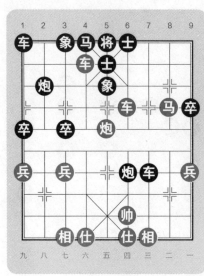

第189题

第190题

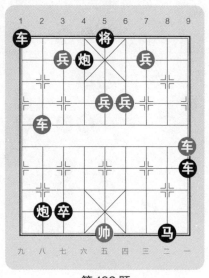

第191题

第192题

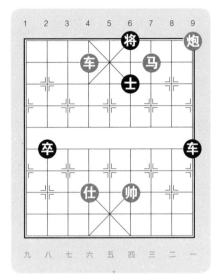

第 193 题　　　　　　　第 194 题

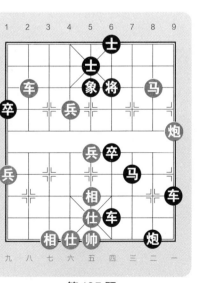

第 195 题　　　　　　　第 196 题

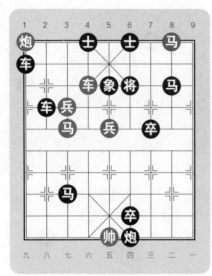

第197题

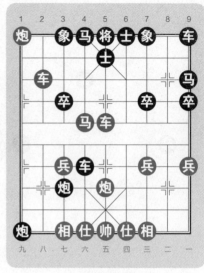

第198题

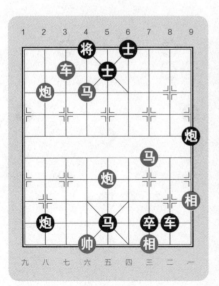

第199题

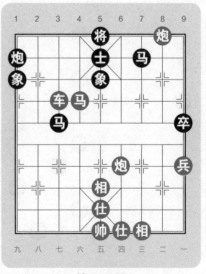

第200题

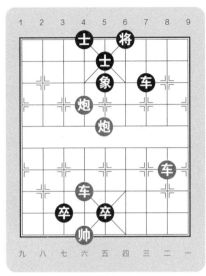

第 201 题

第 202 题

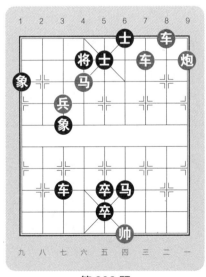

第 203 题

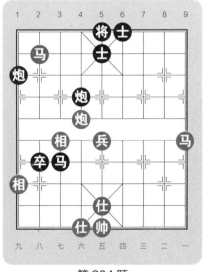

第 204 题

第五章　串打战术

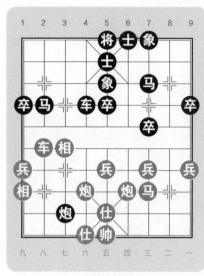

第205题

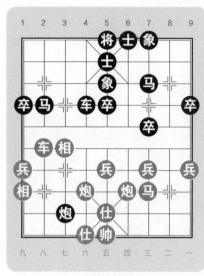

第206题

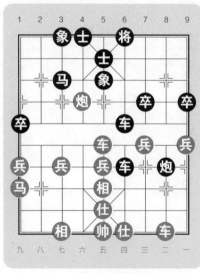

第207题

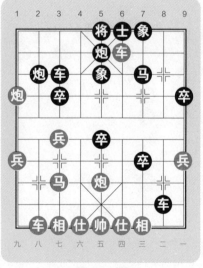

第208题

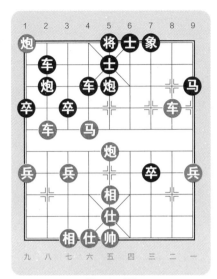

第 209 题

第 210 题

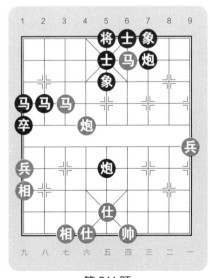

第 211 题

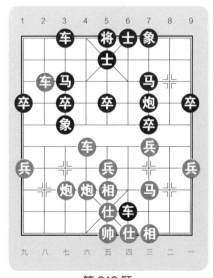

第 212 题

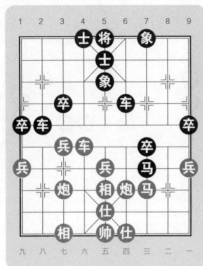

第 213 题

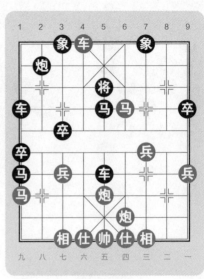

第 214 题

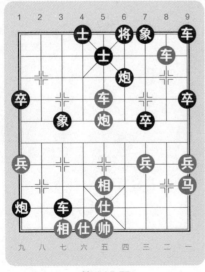

第 215 题

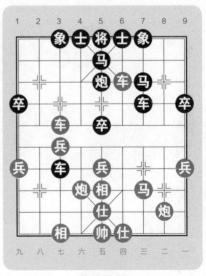

第 216 题

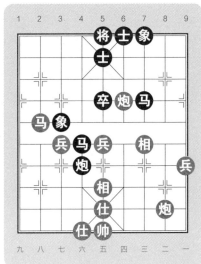

第217题

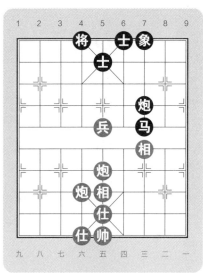

第218题

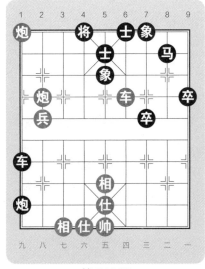

第219题

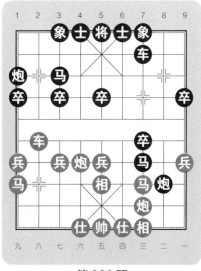

第220题

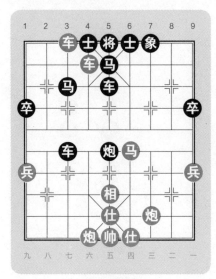

第 221 题

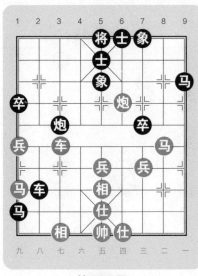

第 222 题

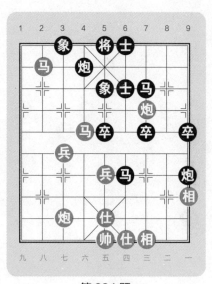

第 223 题

第 224 题

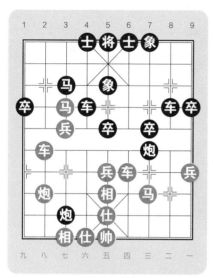

第225题

第226题

第227题

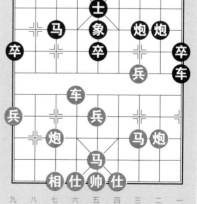

第228题

第六章　围困、堵塞、封锁战术

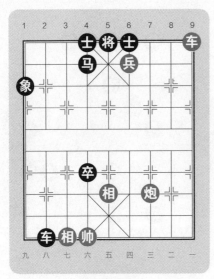

第229題

第230題

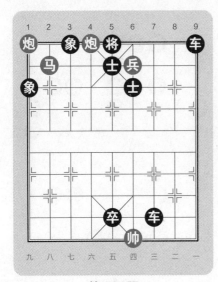

第231題

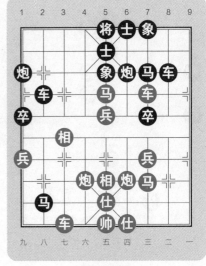

第232題

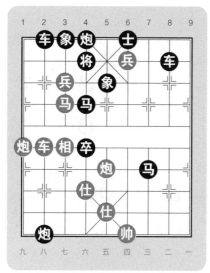

第233题

第234题

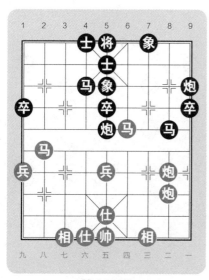

第235题

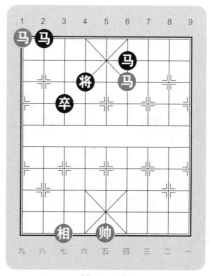

第236题

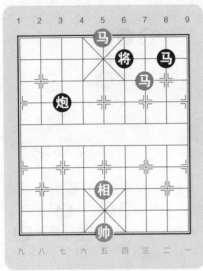

第 237 题

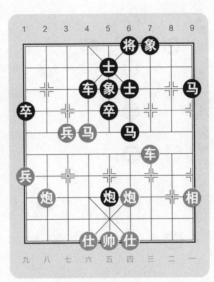

第 238 题

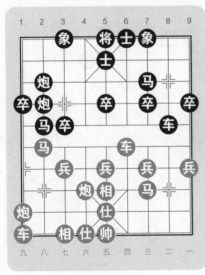

第 239 题

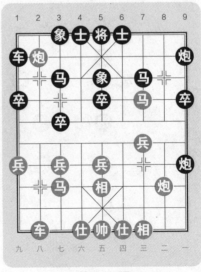

第 240 题

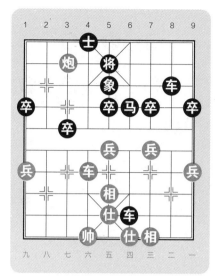

第241题

第242题

第243题

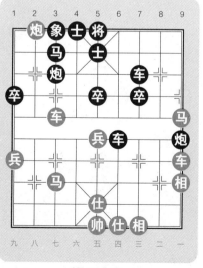

第244题

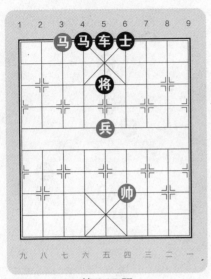

第245题

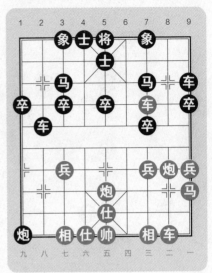

第246题

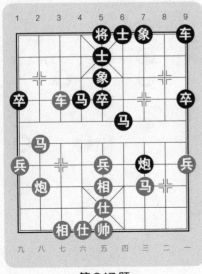

第247题

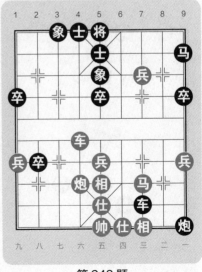

第248题

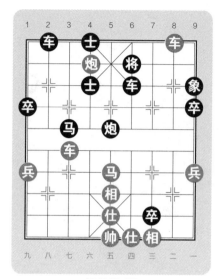

第 249 题

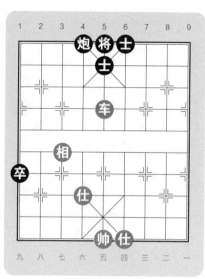

第 250 题

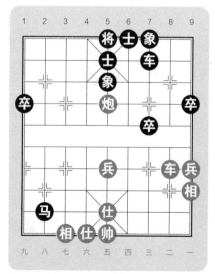

第 251 题

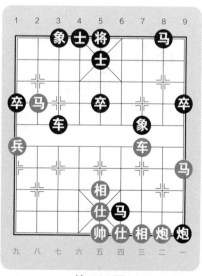

第 252 题

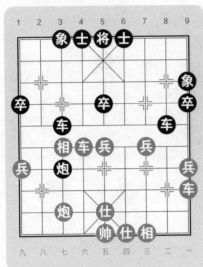

第253题

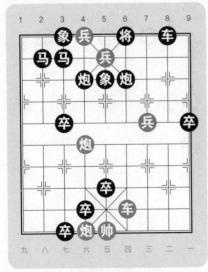

第255题

第254题

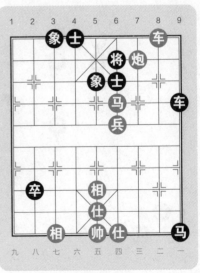

第256题

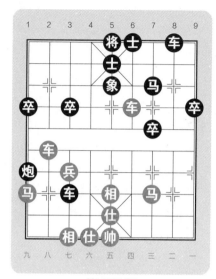

第257题

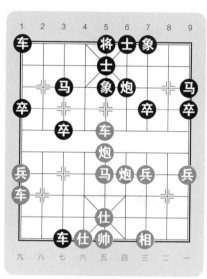

第258题

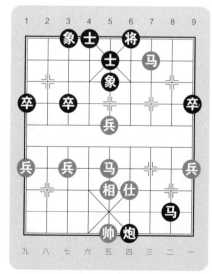

第259题

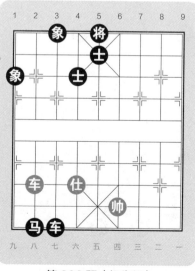

第260题（红先和）

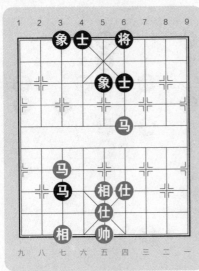

第261题

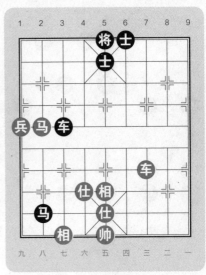

第262题

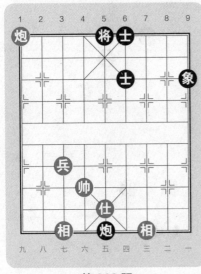

第263题

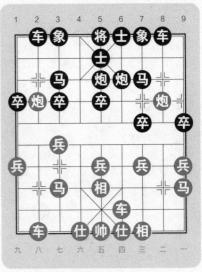

第264题

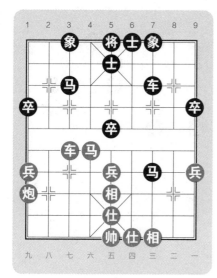

第265题

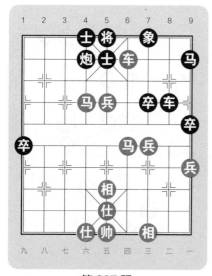

第267题

第266题

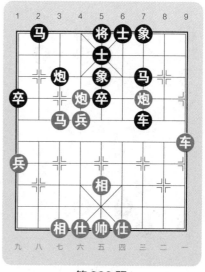

第268题

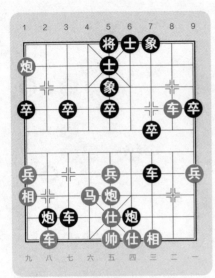

第269题

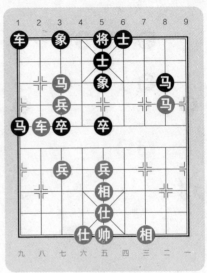

第270题

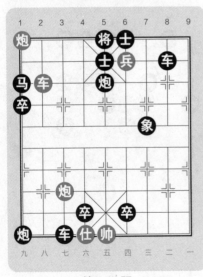

第271题

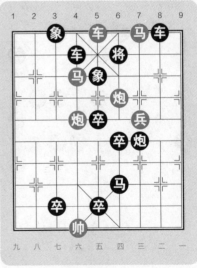

第272题

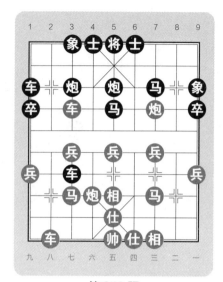

第273题

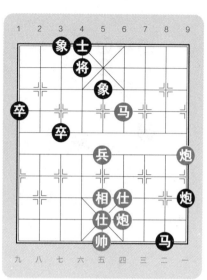

第274题

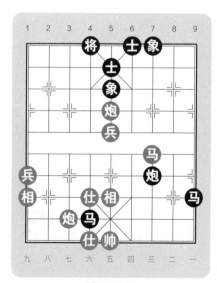

第275题

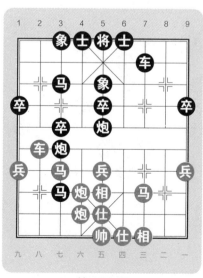

第276题

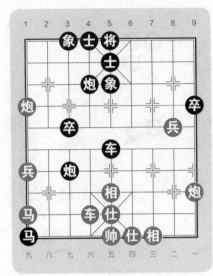

第277题

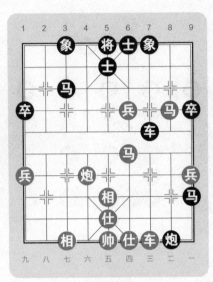

第278题

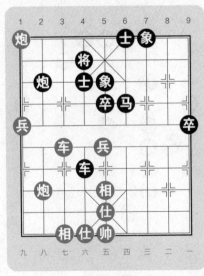

第279题

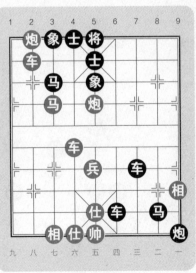

第280题

第七章 先弃后取战术

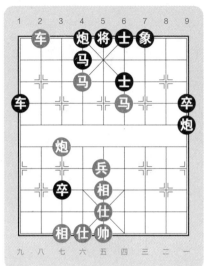

第281题

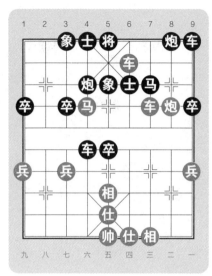

第282题

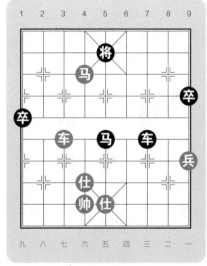

第283题

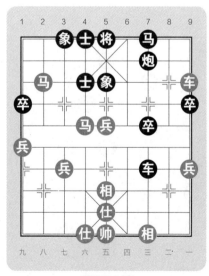

第284题

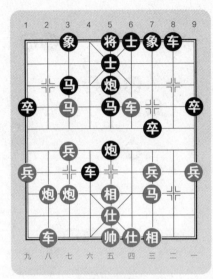

第285题

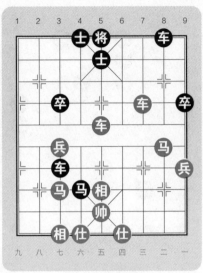

第286题

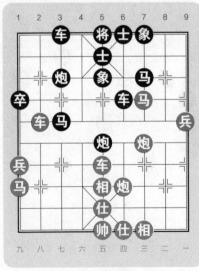

第287题

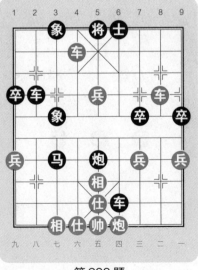

第288题

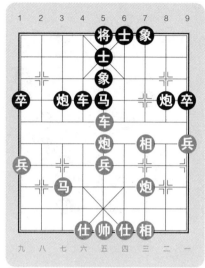

第289题

第290题

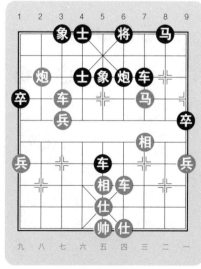

第291题

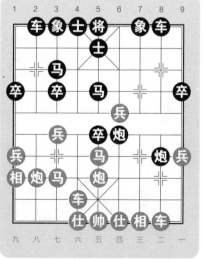

第292题

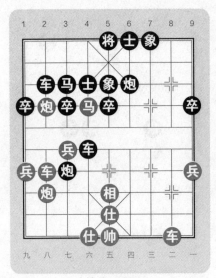

第293题

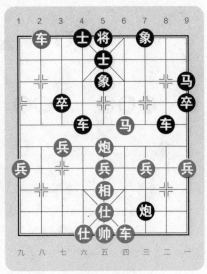

第294题

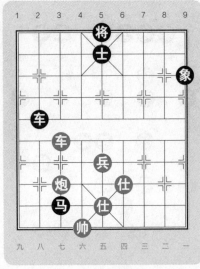

第295题

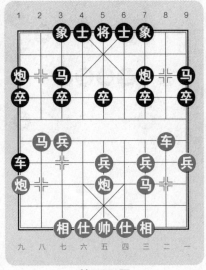

第296题

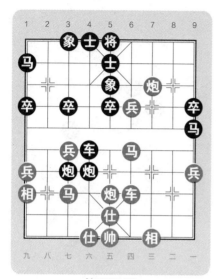

第297题

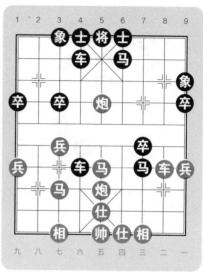

第298题

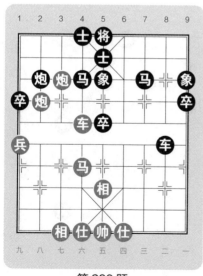

第299题

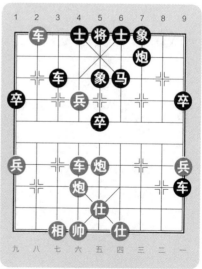

第300题

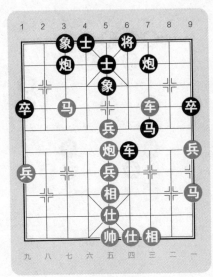

第301题

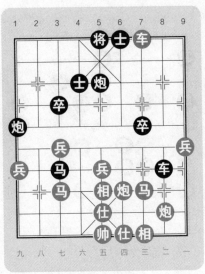

第302题

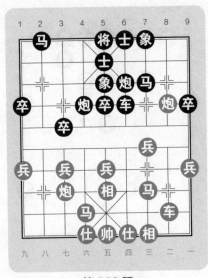

第303题

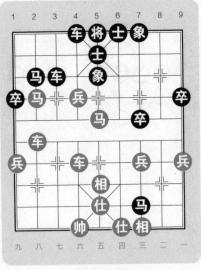

第304题

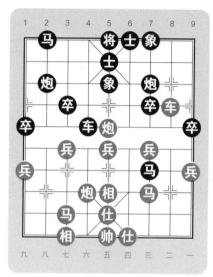

第305题

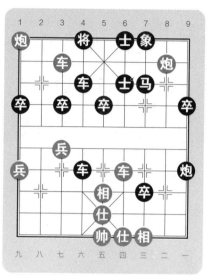

第306题

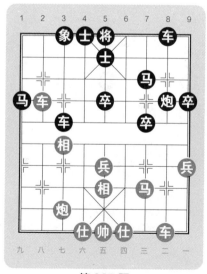

第307题

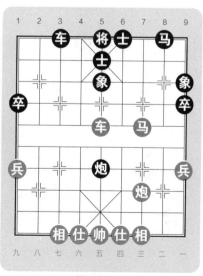

第308题

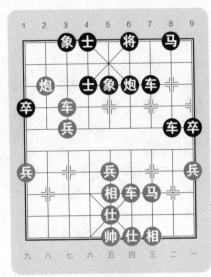

第 309 题

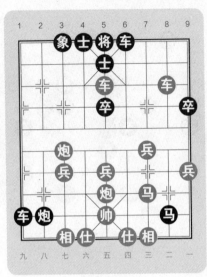

第 310 题

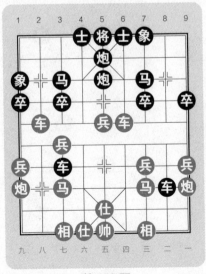

第 311 题

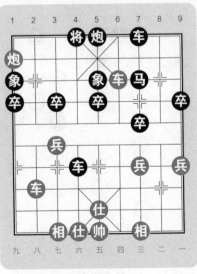

第 312 题

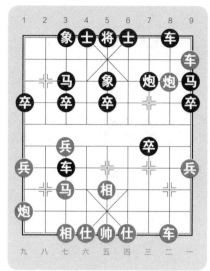

第 313 题

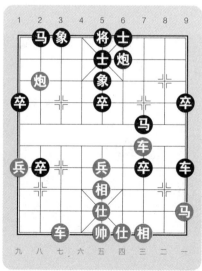

第 314 题

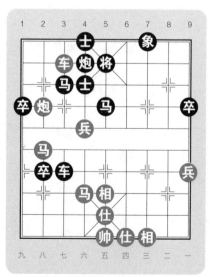

第 315 题

第 316 题

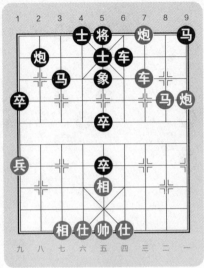

第 317 题

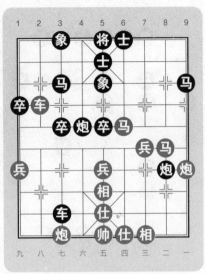

第 318 题

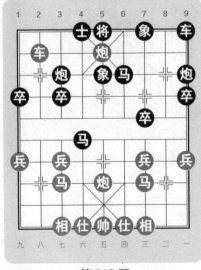

第 319 题

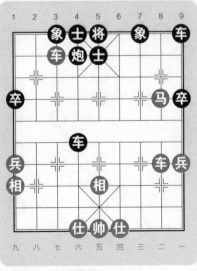

第 320 题

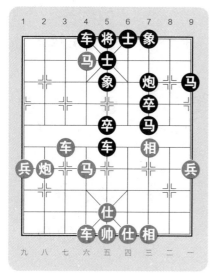

第321题

第322题

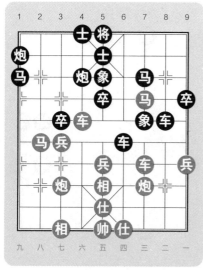

第323题

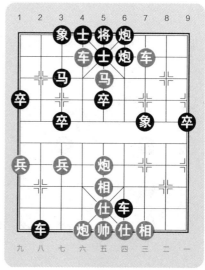

第324题

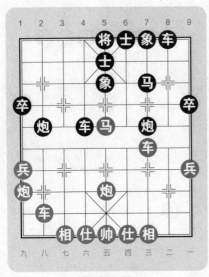

第 325 题

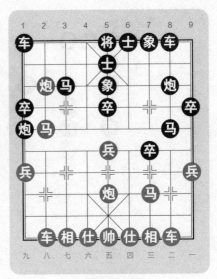

第 326 题

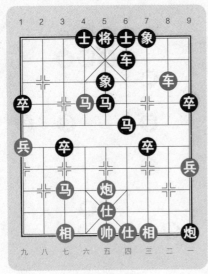

第 327 题

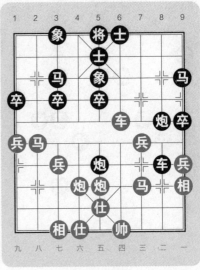

第 328 题

第八章 抽将、抽吃战术

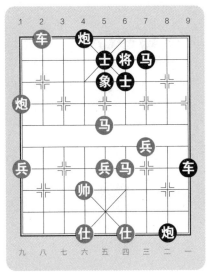

第 329 题

第 330 题

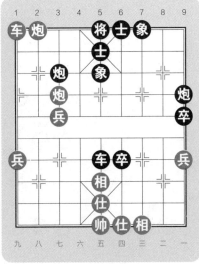

第 331 题

第 332 题

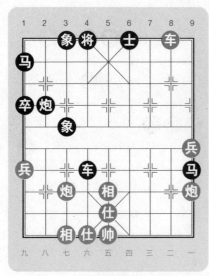

第 333 题

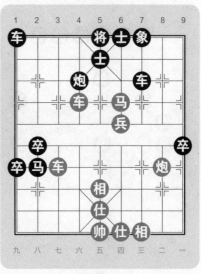

第 334 题

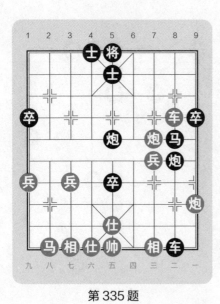

第 335 题

第 336 题

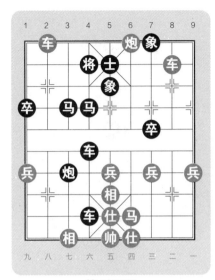

第 337 题

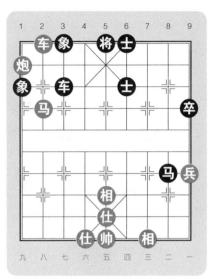

第 338 题

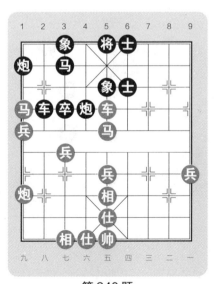

第 339 题

第 340 题

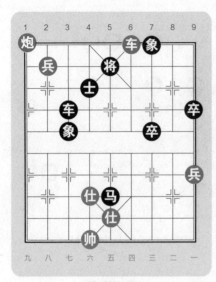

第341题

第342题

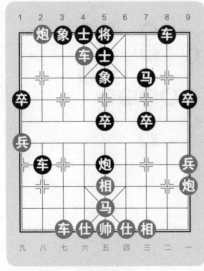

第343题

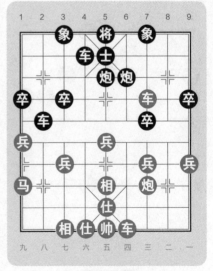

第344题

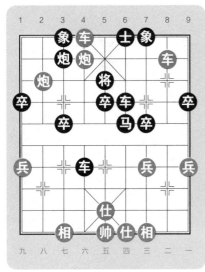

第 345 题

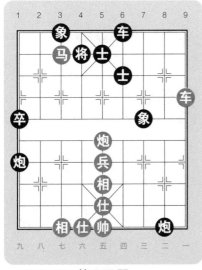

第 347 题

第 346 题

第 348 题

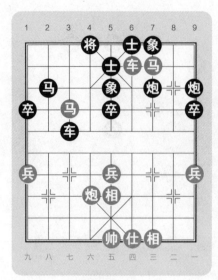

第 349 题

第 350 题

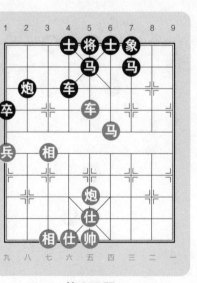

第 351 题

第 352 题

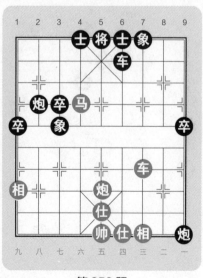

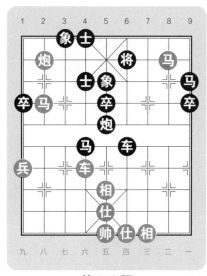

第 353 题

第 354 题

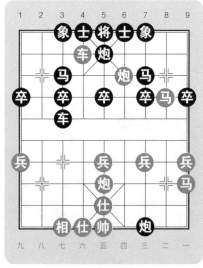

第 355 题

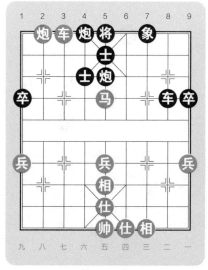

第 356 题

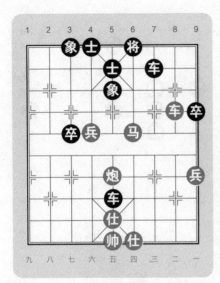

第 357 题

第 358 题

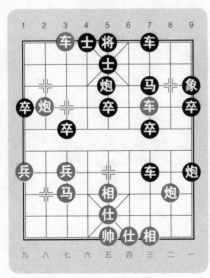

第 359 题

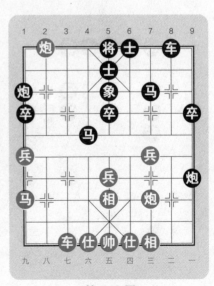

第 360 题

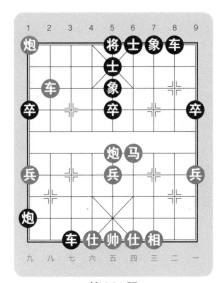

第 361 题

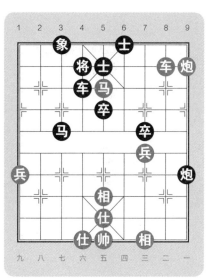

第 362 题

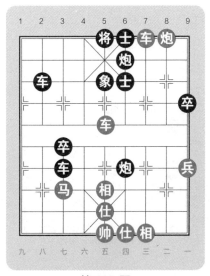

第 363 题

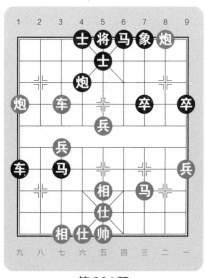

第 364 题

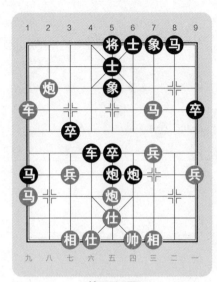

第 365 题

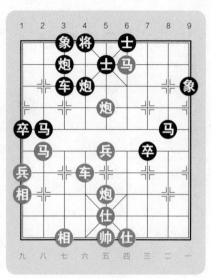

第 366 题

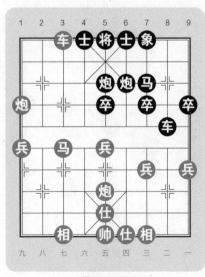

第 367 题

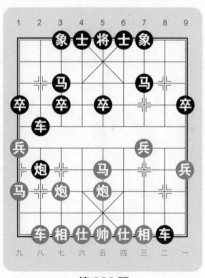

第 368 题

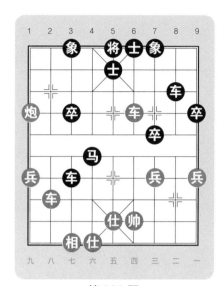

第 369 题

第 370 题

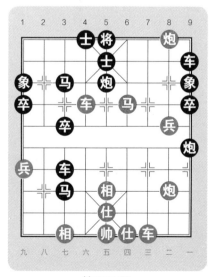

第 371 题

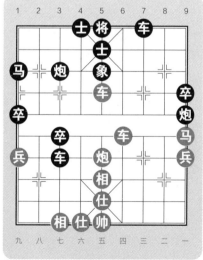

第 372 题

第九章 拦截战术

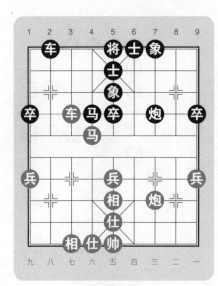

第373题

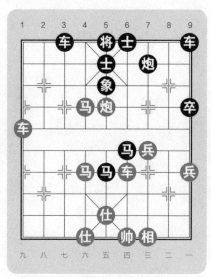

第374题

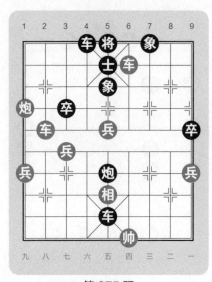

第375题

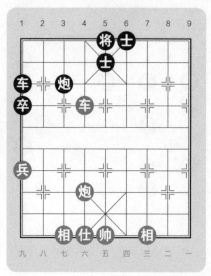

第376题

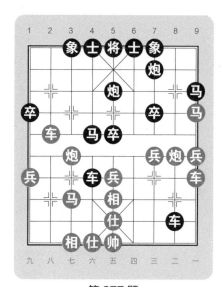

第 377 题

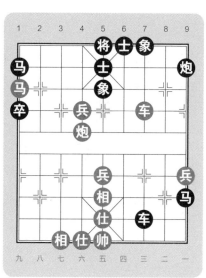

第 378 题

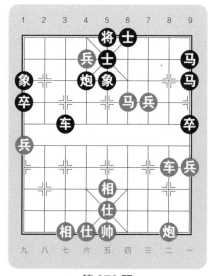

第 379 题

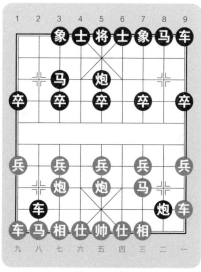

第 380 题

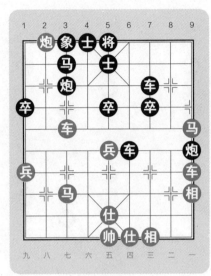

第 381 题

第 382 题

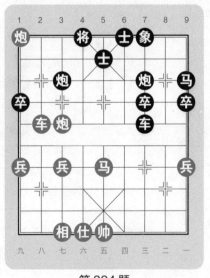

第 383 题

第 384 题

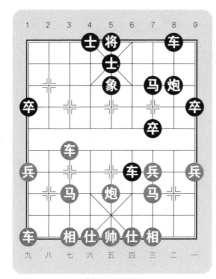

第 385 题

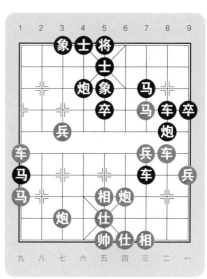

第 386 题

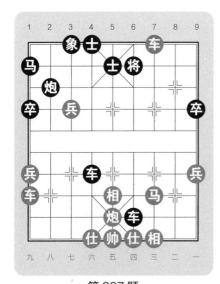

第 387 题

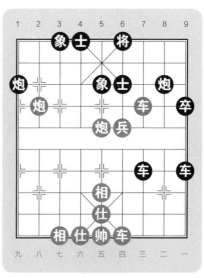

第 388 题

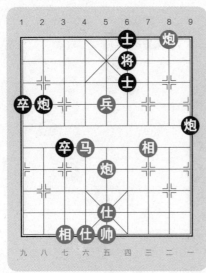

第 389 题

第 390 题

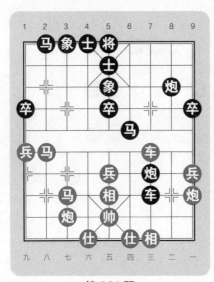

第 391 题

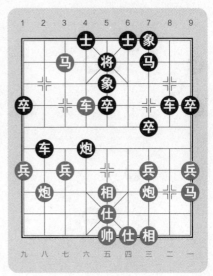

第 392 题

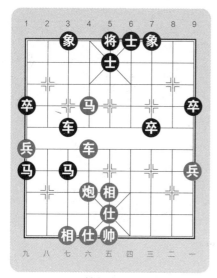

第393题

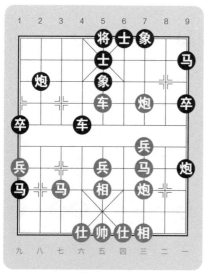

第394题

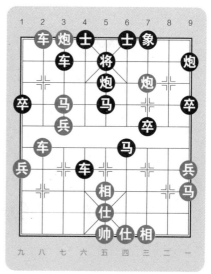

第395题

第396题

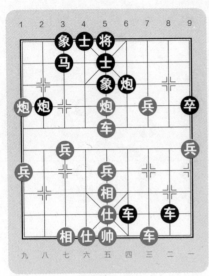

第 397 题

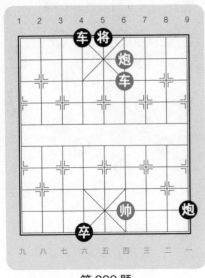

第 399 题

第 398 题

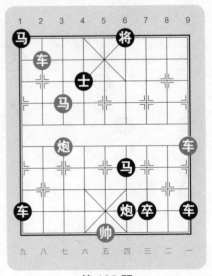

第 400 题

100

第十章　顿挫战术

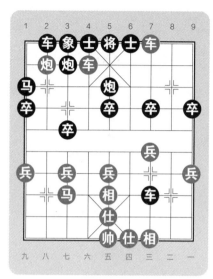

第401题

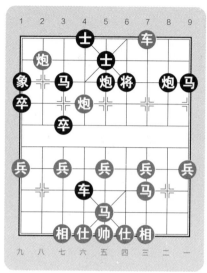

第402题

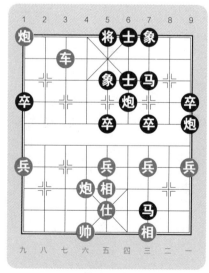

第403题

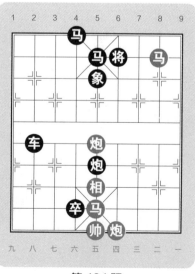

第404题

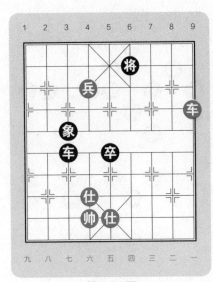

第 405 题

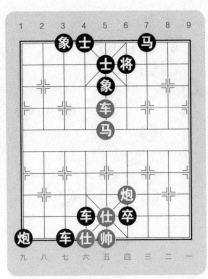

第 406 题

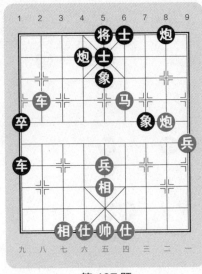

第 407 题

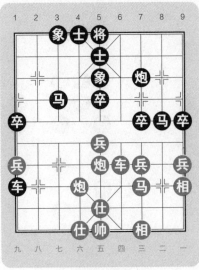

第 408 题

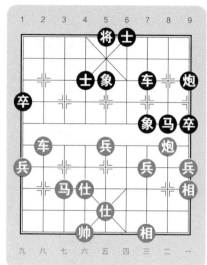

第409题

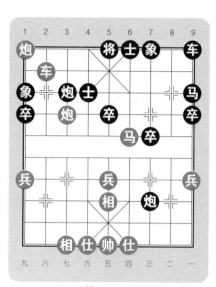

第410题

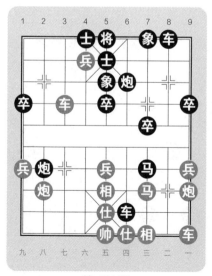

第411题

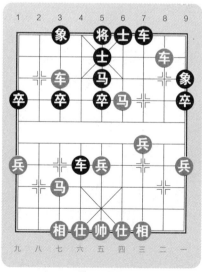

第412题

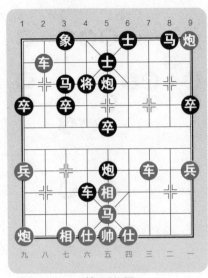

第 413 题

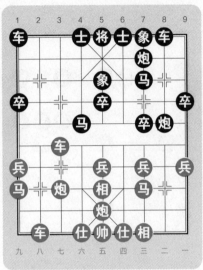

第 414 题

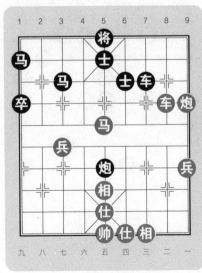

第 415 题

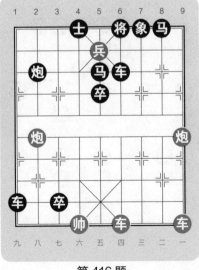

第 416 题

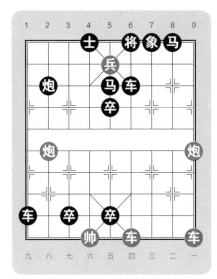

第 417 题

第 418 题

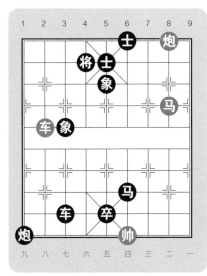

第 419 题

第 420 题

第十一章 消除防卫（破士象、去根）战术

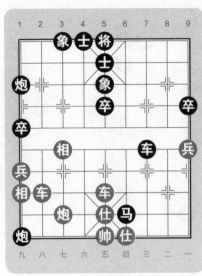

第421题

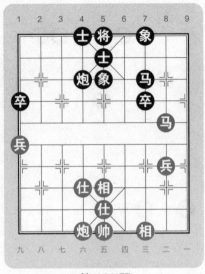

第422题

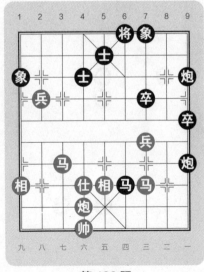

第423题

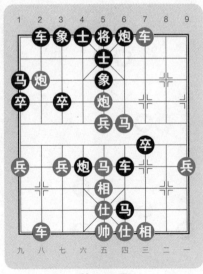

第424题

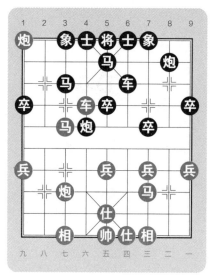

第 425 题

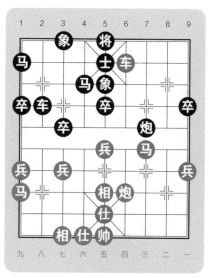

第 426 题

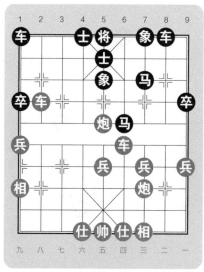

第 427 题

第 428 题

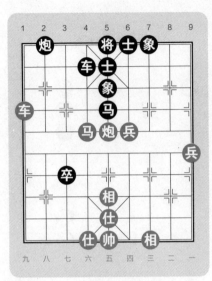

第 429 题

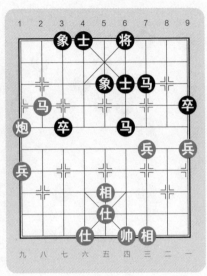

第 430 题

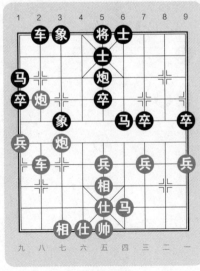

第 431 题

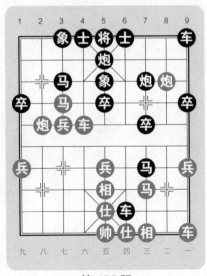

第 432 题

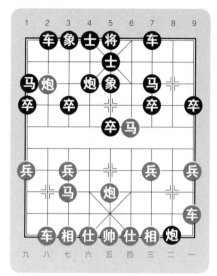

第 433 题

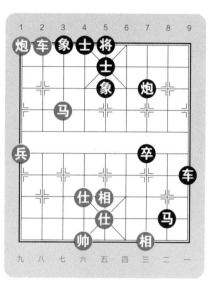

第 434 题

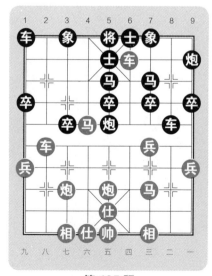

第 435 题

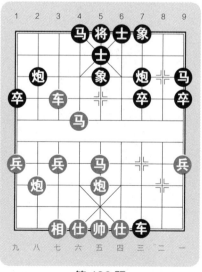

第 436 题

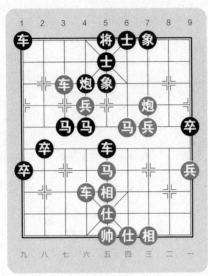

第437题

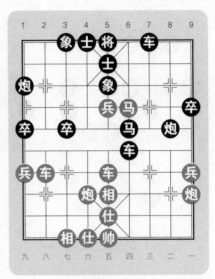

第438题

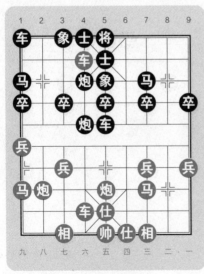

第439题

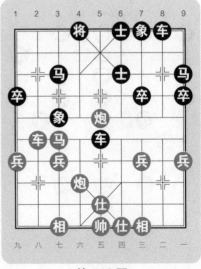

第440题

参考答案

闪击、闪将、腾挪战术

第1题

① 车二平五

红方弃车杀士，为二路炮底线作杀闪出位置。

① ……　　　士4进5

② 炮二进七（红胜）

第2题

① 兵三平二　车8平7

② 帅五平四

以下黑方无论是车7进6吃车还是车7平5吃炮，红方都可完成绝杀。

第3题

① 车八平九

红方平车为沉底炮闷杀做准备。

① ……　　　将5平6

② 车六平五（红方胜定）

第4题

① 炮四平五　卒5进1

② 车四进三（红优）

第5题

① 兵四平三

红方平兵闪击黑方肋线，为马六进七作杀做准备。

① ……　　　车8平6

② 车四进二（红方胜定）

第6题

① 炮八进三　象5退3

② 车一平九（红优）

第7题

① 炮五平七　将5平6

② 车五退三（红优）

第8题

① 兵五进一　将6平5

② 马七退六（红胜）

第9题

① 车八平六　象3退5

② 车六进一（红优）

第10题

① 兵五平六

红方利用闪击战术，准备车二平五在中路作杀。

① ……　　　炮 5 退 5
② 兵六平七

红方再次利用闪击战术，准备车二平六作杀。

② ……　　　车 2 退 3
③ 兵七进一（红优）

第 11 题
① 前炮平四

红方闪击黑方中象。

① ……　　　马 7 退 6

黑方如改走马 7 进 6，则炮五进五，士 5 退 6，炮五退三，红胜。

② 炮五进五　将 5 平 6
③ 炮五平七（红方胜定）

第 12 题
① 车三平二

平车闪将，是红方获胜的关键。

① ……　　　将 6 退 1
② 车二进二　象 5 退 7
③ 车二平三（红胜）

第 13 题
① 车六进八　炮 2 平 7
② 炮四平七　炮 7 退 2
③ 车二平三（红胜）

第 14 题
① 兵五平六　象 3 进 5

黑方如改走士 5 退 4，则炮八进一，将 5 进 1，炮八平五，将 5

平 6，前炮平四，马 7 进 5，车七进三，红方大优。

② 车七进三　车 1 平 3
③ 马八进七（红方大优）

第 15 题
① 车四平六　将 4 平 5
② 马四进五　将 5 进 1
③ 炮五平二（红优）

第 16 题
① 车四进一

红方准备利用闪击战术谋子。

① ……　　　士 6 进 5
② 车四退七　马 7 进 6
③ 炮二平六（红优）

第 17 题
① 炮二平五

红方平炮将军，腾出二路马的攻击线路。

① ……　　　马 5 进 7
② 马二进三

红方弃马引离黑炮，为空头炮杀法做准备。

② ……　　　炮 2 平 7
③ 兵六平五（红胜）

第 18 题
① 马六退七

红方退马闪将，同时控制黑将移动的落点。

① ……　　　后炮退 8

② 炮九进六　炮 3 进 1

③ 马八进七（红胜）

第 19 题

① 马四进三　马 6 退 5

黑方如改走马 6 退 7，则马三进二，将 6 进 1，兵五平四，红胜。

② 马三退五　将 6 进 1

③ 马五退四（红胜）

第 20 题

① 车五平四

红方弃车将军，为马三进五叫将腾出线路。

① ……　　　士 5 进 6

② 马三进五　将 6 平 5

③ 炮一平五（红胜）

第 21 题

① 马五进四　车 8 平 6

② 前炮平一　士 5 进 6

③ 炮八进五（红优）

第 22 题

① 马八进七

红方交换以后迫使黑方飞高象，为实施闪击战术做准备。

① ……　　　象 5 进 3

② 马七退五　象 3 退 5

③ 马五进四（红优）

第 23 题

① 兵三平四

红方平兵弃炮，主要作用在于腾挪出三路马的攻击线路。

① ……　　　马 5 进 6

② 马三进二

红方弃马将军，引离黑方 1 路炮。

② ……　　　炮 1 平 8

③ 兵四进一（红胜）

第 24 题

① 兵六平七　炮 4 退 1

② 车七平六　炮 4 平 7

③ 车六退二（红优）

第 25 题

① 炮五进四　车 6 退 2

② 车六进三　将 6 进 1

③ 马五进四（红优）

第 26 题

① 马七退六　将 4 退 1

② 车九进一　将 4 进 1

③ 马六退四（红胜）

第 27 题

① 前炮平四

红方平炮闪将，是获胜的关键。

① ……　　　马 5 进 4

② 炮四退四　马 4 退 6

③ 车二平四　马 6 进 7

④炮五进二（红方胜势）

第28题

①车二平六

红方平车叫杀的同时，为炮一平五闪击中路腾挪位置。

①……　　士6进5

②炮一平五　将5平6

③炮五进二

红方弃炮打士，为双车联攻做准备。

③……　　士4进5

④前车平五（红方胜定）

第29题

①车六退三

红方退车闪将，对黑方发起最后的攻势。

①……　　将5平6

②炮五平四　炮6进7

③车六平四　士5进6

④车四进二（红胜）

第30题

①兵三进一

红方弃兵准备闪击黑方8路炮，形成双车夺炮的态势。

①……　　卒7进1

②车五平二　马4进2

黑方如改走炮8平7或炮8平5，则前车进五，将6进1，炮七进四，红方有连杀的手段。

③后车进三　前车平8

④车二退一（红方大优）

第31题

①炮六平五

红方利用闪将战术破坏黑方防守阵形。

①……　　士5进4

②马三进五　将4进1

③马五进四　将4退1

④车六平九（红方胜势）

第32题

①车七平二　士5退6

②车二退四　车1退1

③炮七进五　士4进5

④车二进六（红优）

第33题

①炮八进七

红方进炮牵制黑方3路炮，为实施闪击战术创造条件。

①……　　卒7进1

黑方如改走炮3平4，则炮七退一，将6退1，炮八平六，红方得子。

②兵七平六　车5平6

③车四进三　车8平6

④车七进八（红优）

第34题

①马三进四

红方进马将军，为前车的进攻腾挪出线路。

① …… 士4进5

② 后车平六 车4退3

③ 车二平六

红方连续弃车，为红炮闪出线路。

③ …… 车4退2

④ 炮二进五（红胜）

第35题

① 马七退五

红方退马闪将，获胜的关键。

① …… 马2进4

黑方如将5进1，则后车进三，绝杀。

② 前车平六

红方利用引入战术把黑将引至马的攻击范围内。

② …… 将5平4

③ 马五退七 将4平5

④ 车八进四（红胜）

第36题

① 炮五平四

红方弃炮照将，为以后露出主帅助攻做准备，是主动出击的好手段。

① …… 马8退6

② 马四进二 将6平5

③ 马五进四 将5平4

④ 兵八平七（红胜）

第37题

① 马七退五

红方退马吃卒照将，利用腾挪战术，使红车能起到控线助攻的作用。

① …… 将4退1

② 马五进七 将4进1

③ 马七进八 将4退1

④ 炮九退一（红胜）

第38题

① 马二进三

红方进马将军，腾挪出车路。

① …… 将6进1

② 车二进五

红方进车引离黑方8路车，消除接下来平炮照将时，黑方解将还将的机会。

② …… 车8退7

③ 炮一平四 炮6退2

④ 兵四进一（红胜）

第39题

① 车七退一

红方利用黑方右马受牵的弱点，退车闪击，为谋子做准备。

① …… 士6进5

黑方如改走车2进1捉马，红方则帅五平四攻击底士，黑方更难应对。

②车七退一　车2进1

③马六进七　炮4退5

④车七进三（红优）

第40题

①炮七退二

红方利用闪将战术，先手把炮调运到攻击位置。

①……　　　士5退4

②车五进一　象7进5

③炮九平五　象5退3

黑方如士6进5，则炮七进二，绝杀。

④炮七平五（红胜）

第41题

①马七退五

红方退马闪将，简明有力。

①……　　　士5进4

黑方如士5进6，则车二退一，绝杀。

②车二平四　将6平5

③炮一平五　将5平1

④兵六平五（红胜）

第42题

①炮五进三

红方弃炮杀士，撕开黑方防线。

①……　　　　　象5进3

黑方如改走马3退5，则马七进六，将5平4，炮一平四，象5进3，炮四退一，马5进4，炮四

退三，红方打马得子，黑方不能马4进6吃炮，否则马六退四叫杀抽车。至此，红方大优。

②炮五退三

红方退炮为平车闪击留出位置。

②……　　　　　车8平3

③车八平四　马6退7

黑方如马6进7，则车一平二，红方胜势。

④车四退一　车5退2

⑤车四平三（红方大优）

第43题

①炮三平五

红方平炮闪击黑马，为捉双做准备。

①……　　　　　炮4平7

黑方如改走马7进8，则马六进五，炮4进1，马五进六，马3进5，马二进四，车4进1，炮四平六，炮7平4，马四进五，后炮进1，红方得子，以后红方还有车四平二捉死马的扩先手段，红方胜势；又如卒5进1，则炮五进四，士6进5，车四平三，炮4退1，炮四平六，车4进1，马六进四，炮7退1，车三进三，黑方残士红方子力占位好，红方大优。

②车四进四

红方进车捉双，好棋。

116

② ……　　　　马 7 退 5

③ 车四平三　　马 5 退 7

④ 马二进三　　炮 7 进 3

⑤ 车三平七（红方得子占优）

第 44 题

① 炮八进一

红方进炮闪将，扩先的关键。

① ……　　　　士 4 进 5

② 炮八退二　　马 2 退 3

黑方不能炮 9 平 2 吃炮，否则车一平四绝杀。

③ 车一进一　　车 7 进 1

④ 炮八进一　　士 5 退 4

⑤ 车九退一（红优）

第 45 题

① 车七平八

闪击黑车的同时，红方伏有车八退四捉马的手段。

① ……　　　　车 4 退 1

② 车八进一　　车 4 平 3

③ 马七进九

红方进边马捉炮是要点，接下来退车捉马时，黑炮无法走到 1 路保护边马。

③ ……　　　　炮 3 进 1

④ 车八退五　　卒 1 进 1

⑤ 车八平九（红优）

第 46 题

① 车二平一

红方平车边线，为二路炮下府将军腾挪出位置。

① ……　　　　车 6 平 5

② 炮二进五　　士 5 退 6

③ 车一退三　　车 5 退 1

④ 车一平七　　马 3 退 2

⑤ 兵四平五

以后红方伏有车七平四的手段，红方大优。

第 47 题

① 兵三平四

红方平兵闪击黑车，获胜的关键。

① ……　　　　车 8 退 1

黑方如车 8 退 2，则马三进四，黑方丢车。

② 马三进二　　士 5 进 4

③ 马二退四　　将 5 进 1

④ 车六平五　　将 5 平 6

⑤ 马四进二

红方再次运用闪击战术，通过弃马为炮三平四作杀闪出位置。以下黑方如续走士 6 进 5，则炮三平四，士 5 进 6，兵四平三，红方得车胜定。

第 48 题

① 相五进三

红方飞相捉马，伏有炮三平六打死车的闪击手段。

117

① …… 　　　　馬7进8

② 车四进一　　象5进7

黑方如改走炮2进2，则马六退七捉双，马8进9，马七进八，红方进马吃炮并伏有捉车的先手，净赚一子。

③ 炮三平六　　炮2进2

④ 马六进四

红方进马，保持对黑方的连续攻势。

④ …… 　　　　炮2平5

⑤ 相三退五

以下黑方如马8退9，则兵五进一，车4进2，兵五进一，车4平2，车四平三，红优。

第49题

① 相五退三

红方退相腾挪炮位，为中路进攻打下基础。

① …… 　　　　车9平6

黑方如改走马9退7保象，则炮二平五，车9平8，马二进三，车8进6，炮五进五，炮1平5，马三进五，马7进6，马五进三，马6退7，车五进四，将5平6，车五平三，红方先弃后取，大占优势。

② 炮二平五　　车6进2

③ 车五平六　　将5平6

④ 炮五进六

红方进炮打士，破坏黑方的防守阵形。

④ …… 　　　　象5退7

⑤ 炮五平九（红优）

第50题

① 炮五进三

红方选择交换正确！如直接走炮六平七，黑方可炮5平4拦截，红方取胜繁琐。

① …… 　　　　车8平5

② 炮六平七

平炮闪击底线，红方取胜的要着。

② …… 　　　　马5进3

③ 马五进七　　士6进5

④ 车六进八　　士5退4

⑤ 车八平六（红胜）

第51题

① 炮一进五

红方进炮将军，迫使黑方退炮应将，既控制底线，又使黑炮自塞象路。

① …… 　　　　炮7退2

黑方如象5退7，则兵六进一绝杀。

② 兵六进一　　士5退4

③ 车六进四

红方利用引入战术，引黑将进

入三路车的攻击范围。

③……　　　将5平4

④车三平六

红方平车叫将，利用腾挪战术，闪出二路炮的攻击位置。

④……　　　将4平5

⑤炮二平五（红胜）

第52题

①马六进四

红方进马将军引离黑将。

①……　　　将5平6

②车六进七

红方弃车杀士，闪出炮路，集中力量攻击黑方6路线。

②……　　　士5退4

③炮九平四　马7退6

④炮五平四　车1平6

⑤炮四进三（红胜）

第53题

①炮四平六

红方平炮闪击，正着。

①……　　　炮7平6

②车四进六

红方弃车杀炮引离黑方4路炮，疏通己方的攻击路线。

②……　　　炮4平6

③兵六平五

红方平兵，利用堵塞战术困住黑将。

③……　　　马3退5

④前炮进五　马2退4

⑤炮六进九（红胜）

第54题

①兵五进一

红方进中兵，腾挪出车路准备攻击黑方右翼。

①……　　　车6退2

黑方退车防守肋线。

②炮三退一　将4进1

③车三平七　将4平5

④车七进四　士5进4

⑤帅五平六　炮6平4

黑方如士6进5，则炮三平五，黑方败势。

⑥炮一平六（红优）

第55题

①兵五平六

红方平兵腾挪出四路马的攻击线路，同时阻断黑车对肋线的控制。

①……　　　马1退3

黑方如炮3退1，则马四进六，将5平4，炮三平九，右炮左移，红方胜势。

②车八进三　炮3退1

③马四进六　将5平4

④马六进七　象5退3

⑤车八平七　将4进1

119

⑥ 车七退五（红优）

第56题

① 炮三平七

红方平炮护马，闪出车路攻击。

① ……　　　炮1平3

② 帅五进一　车2退1

③ 帅五平四

红方出帅解杀的同时，伏有炮五进四的反击手段。

③ ……　　　马7退9

④ 车三平四　马9进7

⑤ 炮五进四

红方弃炮轰卒，是获胜的关键。

⑤ ……　　　马7进5

⑥ 炮七平五（红方胜定）

第57题

① 炮五退二

红方退炮，腾挪出马的攻击位置。

① ……　　　炮8进1

② 马七退五

红方马退中路伏杀！紧凑有力。

② ……　　　象5进7

③ 马三进二　炮3平6

④ 车四进三　将5平6

⑤ 车四平三　象7退9

⑥ 马二进一

红方伏有马一进三的强攻手段，局势占优。

第58题

① 兵三平四

红方献兵闪通车路，又利用引入战术把黑将引到边马攻击范围内。

① ……　　　将6进1

黑方如将6平5，则车三进二，士5退6，车三平四，红胜。

② 马一进二　将6退1

③ 车三进二　将6进1

④ 车三平五

红方平车闪击黑将，逼黑将上"宫顶"。

④ ……　　　将6进1

⑤ 车五平四

红方弃车引离黑士。

⑤ ……　　　士5退6

⑥ 车六平四（红胜）

第59题

① 相五退三

红方退相腾挪出炮路，红炮既可平中攻象，又可平八攻击黑方侧翼。

① ……　　　卒5进1

② 炮三平五　车8平3

黑方如改走马5退7，则车六退一，士4进5（如马3进2，则马六退四，伏有马四进五的攻击手段，红方大优），车六平七，红方

120

得子。

③相七进九

红方飞相保炮，保持对黑方子力的牵制。

③……　　　车3平2

④炮五进五　马5进7

黑方如改走马5退7，则车六退一，黑方仍要失子。

⑤车六退一　马3进2

⑥车六退二（红方大优）

第60题

①相五退三

红方退相，为平中炮腾挪出位置，是控制全局的要点。

①……　　　车5平4

②炮七平五　将5平4

③马一进二　车1平2

④炮五平二

红方接下来有马二进三闪击的手段。

④……　　　车2进4

黑方高车防止底线被将后丢车。

⑤马二进三　马6进7

⑥车九平三

以下黑方如车4平8拦炮，则车三平六，车8平4（将4平5，车七进六，以后红方有杀棋），车七进六再炮二平六捉死车，红方大优；如车2平8拦炮，则车七进六，

将4进1，车三平八，红方胜势。

第61题

①兵二平一

红方平兵腾挪出炮的进攻路线，并伏有马四进五的攻击手段。

①……　　　象5退7

黑方如改走车9平8，则马四进五，士5进4（如车8进5，则马五进三，绝杀），车六进六，马3进4，马五进三，下一着再车六平八，红方胜势。

②炮二平三

红方伏有车三平七的闪击手段。

②……　　　象7进5

③车三进二　炮8退2

④相九进七

红方飞高相拦截黑方3路车，正着！

④……　　　车9平6

黑方如车3退1，则马四进六，红方得车。

⑤马四进六　士5进4

⑥车三平五（红优）

第62题

①马五进四

红方进马奔卧槽，为八路炮平中腾挪出位置。

①……　　　车8平6

②炮八平五　象7进5

③后马进二　炮9平8

黑方如改走车2平3，则炮六进五，炮1平4，马四进六，将5平4，车七进七，红方有杀棋。

④炮六进五　车6进1

⑤车四进五　炮1平4

⑥车七进七（红优）

第63题

①兵三平四　将6进1

②车八进四

同样是进车照将，先后有别，如先走车五进四，则以后红方车八进四将军时，黑方有士6退5的手段。

②……　　　将6退1

③车八平四　将6进1

④车五进四　将6退1

⑤车五平四

红方连弃双车一兵，以巨大的子力代价为最后的平炮绝杀开路。

⑤……　　　将6进1

⑥后炮平四（红胜）

第64题

①炮七平六

红方平肋炮，伏有车六平八的闪将手段。

①……　　　车2退2

②车六进二　士5退6

黑方如改走马3进2，则车六

平八，车2平4，车八退一，红方得子。

③车六平七　士4退5

④炮六退二　车2退2

⑤仕五进六　士5进4

⑥车七进一（红优）

牵制战术

第65题

①炮五平七　象3进1

②马九进七（红优）

第66题

①车一平四

红方平车牵制黑马，意在谋子。

①……　　　炮7平6

②车四进五　炮6退1

③车四平三（红优）

第67题

①车二进一　车5退1

②兵三平四　车5进2

③马四进五（红优）

第68题

①车四进一　卒3进1

②马四退五　车8退1

③马五退三（红优）

第69题

①马七进五

红方马相配合，牵制黑方车炮。

① ……　　　马 4 进 6

② 兵五平六

红方平兵控制黑方马路。

② ……　　　象 3 退 5

③ 车三退一

红方退车捉死黑炮!

第 70 题

① 马五退三　　将 6 进 1

② 马三退五　　将 6 退 1

③ 马五退四 (红优)

第 71 题

① 炮四进七　　将 4 平 5

② 炮四平七　　炮 4 平 9

③ 炮七退三 (红方胜势)

第 72 题

① 炮五平四

平炮叫将实施牵制战术,把黑车拴牵在肋线。

① ……　　　车 8 平 6

② 车五平二　　卒 3 进 1

③ 车二退七 (红优)

第 73 题

① 炮七平九　　卒 5 进 1

黑方如改走车 6 进 6,则车八退二捉死黑炮。

② 炮九进一　　卒 5 进 1

③ 炮九平七 (红优)

第 74 题

① 兵七进一

红方进兵牵制住黑炮,为谋子做准备。

① ……　　　马 6 退 5

黑方如改走炮 4 平 8,则马七进八,将 4 退 1,马六进七,红胜。

② 马七退五　　象 9 退 7

③ 兵七平六 (红优)

第 75 题

① 炮九平五　　象 7 退 5

② 车六退一　　卒 1 进 1

③ 车六平五 (红优)

第 76 题

① 车三平四

红方平车牵制黑卒,谋和的关键。

① ……　　　将 5 进 1

② 车四进二　　卒 6 平 7

③ 车四退二 (和棋)

第 77 题

① 马四进三

红方进马叫将,实施牵制战术,为谋子做准备。

① ……　　　马 5 退 6

② 马八退六　　将 5 平 4

③ 马六进四 (红方胜定)

第78题

① 车四进二　卒5进1

② 炮二进三　卒5进1

③ 车四进六　将5平6

④ 炮二平八（红优）

第79题

① 车八进三

红方利用黑方右车晚出，而左车防守负担过重的弱点，进车捉炮创造牵制的机会。

① ……　　车8进2

黑方如炮5进2弃炮，不仅损失一炮还要放活红方中马，损失更大。

② 炮七退五　炮5平6

③ 车二进一　车8进2

④ 炮七平二（红优）

第80题

① 车二平四　炮8退3

② 兵三进一　卒5进1

③ 兵三进一　马6进5

④ 兵三平二（红优）

第81题

① 车五平九　炮3退3

黑方如改走车1进3，则马八进九，马1进2，车九平七，炮3平4，车七退三，红方捉双占优。

② 炮六进三　马7进9

③ 炮六平八　车1平4

④ 车九平七（红优）

第82题

① 炮四进一　卒5进1

② 车六进一　车3平4

③ 炮四平六　卒5进1

④ 炮六进二（红优）

第83题

① 马六进八

红方进马控制肋线，实施牵制战术。

① ……　　炮5平4

② 炮六进三　炮4退4

③ 车四平六　车4进1

④ 马八退六（红方胜势）

第84题

① 马五进六　将5平6

② 炮五平四

红方首着进马将军，再平炮牵制黑马，一气呵成。

② ……　　马7进6

③ 马六退五　炮3进3

④ 马五退四（红优）

第85题

① 前炮平四　马3进4

黑方如改走马3退4，则兵五进一，车2进3，兵五进一，车2平6，兵五平四，车6平4（如车6平7，红方同样相三进五），相三进五，红方保住过河兵，从容占优。

②车四进二　马4进2

③车四平五　马2进3

④车二进三（红优）

第86题

①炮五平六

红方平炮实施牵制，进攻手段丰富。

①……　　　炮6平8

②车八退一　将4退1

③车六进二　将4平5

④车六进一（红方胜势）

第87题

①车二平三

形成红方双车牵制黑方双车双炮的局面。

①……　　　车7退1

②炮二进一

红方进炮准备强行得子。

②……　　　车7平8

③炮二平四　车6退2

④车三退一（红优）

第88题

①帅五平六

红方出帅牵制黑炮，巧着。

①……　　　车2进2

②车六平七　车2平4

③帅六平五　车4平5

④帅五平六

黑方如续走车5退3吃兵，则车七进九，下一着再车七退一抽车，如象7进5，则车七进八，红方胜定。

第89题

①炮八退一　马1进2

②炮八平五　车6平5

③车五进一　马2退3

④车五平七（红优）

第90题

①车六进三

红方进车牵马，实施牵制战术。

①……　　　炮5平7

②炮六平八　炮2平4

③车九退三　炮7进4

④车六平五　车8平5

⑤车九平五（红优）

第91题

①车九进二

红方进车牵制，夺势的要着。

①……　　　马3进4

②车八平六

红方再平肋车牵制车马，黑方已经不好应对。

②……　　　炮1平5

③炮八进四　车2退3

④车九平八　车4平2

⑤车六进一（红方得子）

第92题

① 车三退一

红方退车牵制黑炮，为得子打下基础。

① ……　　　车8平6

② 兵三进一　马6进8

③ 炮六退一　炮1进3

④ 炮一退一　将5退1

⑤ 炮一平四（红优）

第93题

① 马四进三

红方进马叫将，牵制住黑车。

① ……　　　车6退5

② 车八进七　士6进5

黑方如改走士4进5，则车八平六，车6平7，炮五平八，炮1平2，炮九进八，炮2退2，车二退一，伏有车二平八作杀的手段，红方大优。

③ 炮九平七　卒3进1

④ 车八平六　象5进3

⑤ 兵三进一

下一着再车二平七，红方弃子后有攻势。

第94题

① 马六进七

红方进马叫将，牵制黑车。

① ……　　　车4退7

② 炮一退一　士5退6

黑方如改走士5进6，则车四平二，红方得车胜定。

③ 车四进六　士6进5

④ 车四退三　士5进4

⑤ 车四平二

黑车必失，红方胜定。

第95题

① 炮八平三

红方平炮牵制黑方马炮。

① ……　　　马4进2

② 相三进一

红方飞相捉马。

② ……　　　马2进4

③ 相一进三　马4进5

④ 马六退五　马5进3

⑤ 马五退六

黑方无攻势，红优。

第96题

① 马一进三

红方进马叫将，牵制黑车，是谋和的关键。

① ……　　　车9平7

② 车六平四　将6平5

③ 车四平五　将5平6

④ 帅六平五

红帅平中，迫使黑方边车回防。

④ ……　　　车1退6

⑤ 帅五进一

以下黑方如将6退1企图摆脱

牵制，红方可车五进三叫将再退车保马，黑方难以取胜，和棋。

第 97 题

① 车三进三

红方进车实施牵制战术。

| ① …… | 车 4 平 3 |

② 马七进五

要着！不给黑方退马兑车的机会。

② ……	车 3 平 2
③ 炮三平二	将 5 平 4
④ 炮二进四	象 3 退 5
⑤ 炮二平五（红方大优）

第 98 题

| ① 炮二进一 | 士 5 进 6 |

② 马七进八

红方进马换炮，为平车捉马闪出线路。

② ……	士 6 退 5
③ 马八进六	士 5 退 4
④ 车九平四	车 5 退 2
⑤ 车四退二（红方大优）

第 99 题

① 车四进一

红方进车牵制，为得回失子做准备。

① ……	车 2 平 3
② 兵七进一	炮 2 平 5
③ 炮一平五	车 3 退 2
④ 车四进二	炮 5 平 6
⑤ 兵一进一（红优）

第 100 题

① 车五平九

黑方炮与双卒已经对红方构成威胁，红方需采用牵制战术，使黑方 2 路卒无法移动，最终相互制约成和。

① ……	将 4 进 1
② 车九进六	将 4 退 1
③ 车九退六	将 4 平 5
④ 车九平五	将 5 平 4
⑤ 车五平九（和棋）

第 101 题

| ① 马四进五 | 将 4 退 1 |

② 马三退四

红方退马捉马，实施牵制战术。

| ② …… | 马 3 进 5 |

黑方如改走将 4 退 1，则马四退六，马 3 进 4，马五退四，红胜。

| ③ 马五退七 | 马 5 退 3 |
| ④ 马四退六 | 马 3 进 4 |
| ⑤ 马七退八 |

捉死黑马，红方胜定。

第 102 题

① 炮六平五

红方平炮牵制黑马并伏有车三进四的杀棋。

| ① …… | 将 5 平 6 |

黑方如将5平4，则车三进四，将4进1，炮五平六，士5进4，车三退一，士6退5，仕六退五，马5退4，车三退二，红方同样得子。

② 车三进四　　将6进1

③ 炮五平四

红方再次实施牵制战术，为谋子打下基础。

③ ……　　　　马5进6

④ 仕四进五　　车3进4

⑤ 仕五进四（红方胜定）

第103题

① 炮三平六

红方平炮牵制黑车，为把红车调运到左翼赢得时间。

① ……　　　　士5进4

② 车三退一　　车4进3

③ 车三平八　　马2退4

黑方如改走马2进3，则车八进三，将4进1，车八退六，车4退2，车八进四，红方大优。

④ 车八进一　　象5退3

⑤ 车八平六　　将4平5

⑥ 炮六进三（红优）

第104题

① 炮五平六

红方平炮牵制黑车，伏有马五退四得子的手段。

① ……　　　　车8退3

② 前车平七　　马3进2

③ 马五进四　　车4进1

黑方如车8平6，则车一平二，放出红车后，黑方更难应对。

④ 马四进三　　车8进2

⑤ 车七退一　　将4退1

⑥ 车七平五（红优）

第105题

① 车五进一

红方弃车为实施牵制战术做准备。

① ……　　　　车8平5

② 炮一平五

因为有马八进六挂角杀的威胁，红方用炮牵制黑方车马两子。

② ……　　　　炮8退7

③ 仕五进六

红方支仕准备困住黑马。

③ ……　　　　马3退1

④ 相七进九　　马1进3

⑤ 仕六进五　　马3进2

⑥ 相五退七

黑马被困后，红方兵三进一过河，双兵配合足可取胜。

第106题

① 炮七平五

红方平炮实施牵制战术，控制黑马，以后的计划都是围绕谋马来

128

展开的。

① ……　　　车 2 平 4

② 车四退一

红方退车将军关键，不能让黑方将 5 平 4 摆脱牵制。

② ……　　　将 5 退 1

黑方如将 5 进 1，则车四退二，黑方仍然不能摆脱牵制。

③ 车四退二　士 4 进 5

④ 帅四进一

红方捉马时机恰到好处。

④ ……　　　车 4 平 3

黑方如车 4 进 2 保马，虽然暂时不丢子，但是主力车马全部被牵，红方以后兵六平五再兵五进一，胜势。

⑤ 相五进七

红方继续对黑方中路形成牵制。

⑤ ……　　　将 5 平 4

⑥ 帅四平五（红优）

第 107 题

① 炮一进四

红方进炮实施牵制战术，限制黑方 8 路炮。

① ……　　　炮 8 退 2

黑方如象 5 退 7，则炮九平三，象 3 进 5，马四进五，马 7 退 6，马五退四，红优。

② 炮九平二

红方继续限制黑炮，是炮一进四的后续手段。

② ……　　　炮 8 平 7

③ 兵三进一　马 7 退 6

④ 马二进三　将 5 平 4

⑤ 炮二平六　炮 2 退 3

⑥ 马三退四（红优）

第 108 题

① 车二平五

红方平车捉马，意在让黑车保马，从而实施牵制战术。

① ……　　　车 4 退 2

② 仕五进六　士 6 退 5

③ 炮七平六　车 4 平 3

④ 帅五平四

红方出帅为炮六平五闪出位置。

④ ……　　　象 9 退 7

黑方如改走象 9 进 7，则兵六进一，黑方无法防守，红方胜势。

⑤ 兵五平四

红方平兵控制黑马落点。

⑤ ……　　　车 3 平 2

⑥ 炮六平五

黑马必失，红方胜势。

第 109 题

① 车二进一

红方进车牵制黑炮并在底线制造出黑方的弱点。

① ……　　　车 3 退 1

黑方如改走车3平1拦炮，则
马四进三，士4退5，马三进五，
车1平3，兵七平八，马7退6，
炮九进七，红方胜势。

② 炮九进七

这是红方上一着进车牵炮的后
续手段。

② ……　　　　士6退5

③ 炮九平四　士5退6

④ 车二退八

此时黑马已然无处可逃。

④ ……　　　　车3平6

⑤ 马四退三　车6平5

⑥ 车二平三（红方胜势）

第110题

① 炮二平六

红方平炮实施牵制战术，为谋
子打下基础。

① ……　　　　炮5平4

② 马四退五　车7退4

③ 车九进四　将4退1

④ 车九进一　将4进1

⑤ 车九退三

红方利用顿挫战术抢得一先，
再退车牵制黑方车炮，得子已成
定局。

⑤ ……　　　　士5退6

⑥ 马五进六（红优）

第111题

① 后炮平五

红方平炮牵制黑方将和卒。

① ……　　　　卒5进1

黑方如将5进1，红方的取胜
思路与主变相同。

② 帅六退一　将5进1

③ 炮四退一

正着！红方如误走仕五退四，
则卒5平4！和棋。

③ ……　　　　将5退1

④ 帅六退一　将5进1

⑤ 仕五进六　卒5平4

⑥ 炮五进九（红方胜定）

第112题

① 兵四平三　将6退1

黑方如改走士5进6，则兵三
进一捉死黑马。

② 兵三进一　马7进6

③ 帅五平四

红方出帅再次运用牵制战术，
控制黑马。

③ ……　　　　将6平5

④ 马二退一

红方退马同样是牵制战术，继
续控制黑马。

④ ……　　　　将5平6

⑤ 马一退三　将6平5

⑥ 马三进五

以下黑方无论是将6平5还是士5退6，红方都可兵三平四吃马，得马胜定。

第113题

① 车三进一

红方进车牵制黑方车炮，伏有炮五平六，将4平5，车三平五的攻击手段。

① ……　　　马3进4

② 炮五平六

红方平炮再次形成牵制，不给黑方摆脱的机会。

② ……　　　士5进6

③ 车三平四　将4平5

④ 炮六进五

黑方防线已经支离破碎，红方主动交换，简明。

④ ……　　　马4进3

⑤ 车四平五　士6进5

⑥ 车五退一（红优）

第114题

① 车三平八

红方平车对黑方中炮形成牵制。

① ……　　　车8进4

② 相五进三

红方准备利用牵制战术谋子。

② ……　　　车8进3

③ 炮三进七　象5退7

④ 车八进一　象7进5

⑤ 车八进四　士5退4

⑥ 相三退五（红优）

第115题

① 车八进六

红方进车实施牵制战术，牵住黑方车马。

① ……　　　车1进2

黑方如车6进3，则马三退五，下一着再兵三进一，红方大优。

② 马七进六　炮5退1

③ 车二平三

红方平车伏有兵三平四的攻击手段。

③ ……　　　炮5平7

④ 兵五进一　卒5进1

⑤ 马六进五　士6进5

黑方只能补士，如卒5进1，则马五退六，卒5进1，车八平四，红方胜势。

⑥ 车三平五（红优）

第116题

① 炮七平六

红方平炮叫将实施牵制战术，牢牢地把黑方4路车"锁"在肋道上。

① ……　　　士5进4

黑方如车4平3，则炮六退三，士5退6，车九平五，士6退5，后车平六，士5进4，车六进四，

131

将4进1，车五平六，红胜。

②车九退一　将4退1

③车五平一

红方平车叫杀，紧凑有力。

③……　　　象5退7

黑方如士6退5，则炮六退三，接下来再车一平八，红方胜定。

④车九进一　将4进1

⑤车九退二

红方利用顿挫战术，控制局面。

⑤……　　　士6退5

⑥炮六退三

以后红方有车一平八的攻击手段，红方大优。

捉双战术

第117题
①马五进四　车7平8
②马四进三（红优）

第118题
①马二退三　炮9进1
②马三进四（红优）

第119题
①马三进四　炮4退2
②马四退二（红优）

第120题
①兵七进一　车2退3
②兵七进一（红优）

第121题
①马八退七　车2进1
②炮八平二（红优）

第122题
①车四进七　将4退1
黑方如士6进5，则炮五平六，绝杀。
②车六进五　将4平5
③车六平三
红方连续运用捉双手段获取胜势。

第123题
①车六进四　炮5进1
②车六平五　车3进6
③车五进一（双方大体均势）

第124题
①车七平八　炮2平3
②马三进五　车5平4
③车八进一（红优）

第125题
①马七进八　马4进5
②马八进九　炮3进1
③马九退七（红优）

第126题
①炮一平三　马7进9
②炮三退三　象3退5
③车五平九（红优）

第 127 题

① 炮三退二　车 7 平 6

② 炮三进三　士 6 进 5

③ 炮三平一（红优）

第 128 题

① 车八平六　将 4 平 5

② 车六进二　炮 8 平 5

③ 车六平七（红优）

第 129 题

① 车一平四　马 6 进 4

② 车四进三　马 4 退 3

③ 炮七平一（红优）

第 130 题

① 炮一平三

红方弃炮打象，先弃后取，为下一步捉双做准备。

①……　　　车 8 平 7

② 车七进二

红方进车捉双，是弃炮的后续手段。

②……　　　马 9 进 8

黑方如改走车 4 平 2，则马一进三，炮 5 平 6，车九平八，炮 2 进 4，车七平一，红优。

③ 车七平八（红方稍好）

第 131 题

① 马三进五　车 3 平 6

② 马五进三　车 6 平 7

③ 马二进三（红优）

第 132 题

① 车八平七　炮 3 进 1

② 车七进一　马 3 进 5

③ 车七平五（红优）

第 133 题

① 兵七平六　将 4 平 5

② 炮六平三　象 7 进 5

③ 炮三退四（红优）

第 134 题

① 车八平二　马 3 进 4

② 炮九平二　马 8 退 6

③ 炮五平八（红优）

第 135 题

① 马八进六　炮 5 平 2

② 车七进一　车 8 平 3

③ 马六进七（红优）

第 136 题

① 车六进三　马 7 进 5

② 车六平七　车 3 退 1

③ 车七平九（红优）

第 137 题

① 车二进五　士 5 退 6

② 车二退一　马 1 进 3

③ 车二平一　马 3 进 2

④ 车一退五（红方胜势）

第 138 题

① 兵五进一

红方冲兵捉双，作为战术的发

起点。

① ……　　　马 6 进 5

② 马三进五　卒 5 进 1

③ 兵七进一　车 4 平 6

④ 车六进一（红优）

第 139 题

① 兵七进一

红方弃兵为七路马捉双创造条件。

① ……　　　炮 3 进 2

② 马七进六　车 6 退 1

③ 马六进八　车 6 平 2

④ 兵九进一（红优）

第 140 题

① 马四进六

为实施捉双战术做准备。

① ……　　　炮 2 平 4

② 炮四平六　马 6 进 5

③ 炮六进三　士 5 进 4

④ 炮六退四（红优）

第 141 题

① 车二进二　车 8 进 7

② 炮四退四　车 8 平 7

③ 炮四平八　车 7 退 1

④ 炮八进七（红方得子）

第 142 题

① 车六平三

红方平车捉双，抢先一步动手。

① ……　　　士 4 进 5

黑方如改走马 7 退 5，则车四进七，象 7 进 9，车三平一，炮 5 平 7，车一退一，红方有杀棋。

② 车四进七　炮 5 平 4

③ 车三退一　炮 4 退 2

④ 车三进一（红方占优）

第 143 题

① 马五进三　象 5 进 7

② 车八平七　炮 3 平 1

③ 车七进三　马 3 退 5

④ 车七平三（红方主动）

第 144 题

① 车六进五　车 8 退 4

② 帅五平六　士 4 进 5

③ 车四进一　炮 3 平 4

④ 车六退三（红方胜势）

第 145 题

① 车六进四

红方进车引离黑车，黑方如车 5 平 4，则炮七平五绝杀。

① ……　　　马 8 退 6

② 车六平五　将 5 进 1

③ 车五平三

红方平车捉双，得回失子的同时保持攻势。

③ ……　　　车 8 进 3

④ 车三退三（红方大优）

第 146 题

①兵三进一　炮 6 进 3

②兵三进一　炮 4 平 7

③炮二进二　车 6 进 2

④炮二平一（红优）

第 147 题

①马六进四　车 8 平 7

②马四退五

红方连续运用捉双战术，迅速扩大优势。

②……　　　车 3 进 4

黑方只好弃车引离红方三路炮，否则损失更大。

③马五进六　车 7 平 4

④炮三平七（红优）

第 148 题

①车六平七　象 7 进 5

②车七退一　炮 4 平 3

③炮四平七　象 3 进 1

④车七进一（红优）

第 149 题

①车四平二

红方平车伏有车二进一和兵三进一两种进攻手段，为实施捉双战术创造条件。

①……　　　象 3 退 5

②马三进四　车 2 进 4

③车二进一　炮 1 进 1

④车二平一

以后红方伏有兵三进一的先手，红方占优。

第 150 题

①车六进一　马 3 进 2

黑方如改走炮 9 退 1，则车六平七，炮 9 平 7，车七进一，炮 7 进 6，相五退三，红方仍可得子。

②车六平一　车 1 平 4

③车一平八　车 4 退 2

④兵一进一（红方胜势）

第 151 题

①马七退六　车 2 平 9

②马六进四　士 5 进 6

③车四进一　将 6 平 5

④车四平二（红优）

第 152 题

①车六退一

红方退车捉双，迫使黑方跳窝心马形成弱形。

①……　　　车 3 进 5

②炮六退一　马 7 退 5

③兵五平六　车 1 平 6

④马七退五　马 5 进 4

⑤车六退一（红优）

第 153 题

①炮二平三　车 7 平 4

②炮三进三　士 6 进 5

③炮三平一　将 5 平 6

黑方如改走车4退1，则车二进九，马7退6，炮八进二，车4平3，炮八平五，车3平5，车二退五，接下来可车二平五吃车，红方胜势。

④车九平六　车4进3

⑤帅五平六（红优）

第154题

①马七进八

红方进马有力，同时捉黑方车、马、卒三子。

①……　车4退3

②炮九进一　车4平3

③车八退三

红方退车叫将，先手把黑车牵制在底线。

③……　车3退1

④炮九平六　车3平4

⑤车八平七（红优）

第155题

①前车进三　士5进6

②马五进三　士6退5

黑方如前车退2，则前马进二，车8退2，车四进七，红优。

③后马进四　前车退1

④马三进二　车8退3

⑤炮九进三（红优）

第156题

①炮七进四　炮3平9

②炮七进三　士4进5

③车一平二　炮9平1

④炮七退九　炮1进5

⑤炮七平九（红优）

第157题

①帅五平四

出帅是红方保持优势的唯一解法。

①……　车3平4

②马四进五

红方弃马闪出帅路。

②……　炮1退1

黑方如马7进5，则车六进一绝杀。

③炮八进二　马5进6

④马五进七

红方进马闪将，同时捉住黑方双车。

④……　士6进5

⑤车四退二　车4退2

⑥马七进八（红优）

第158题

①车四退二

红方退车捉双，是战术的发起点，为谋子创造条件。

①……　卒3进1

②车四平三　车4进4

③马八进九

红方跳边马闪出车路，正确。

③ ……　　　马 9 进 7

黑方如将 5 平 4，则车八进八，将 4 进 1，仕四进五，黑马仍被捉死。

④ 车八平三　　车 8 平 4

⑤ 仕四进五　　炮 8 退 5

⑥ 前车进三（红优）

第 159 题

① 兵九进一　　马 5 进 3

黑方如改走马 2 退 3，则车六进三，马 5 进 7（如炮 2 平 1，车六平七，红优），车六平八，炮 2 平 1，车八进一，红方捉双，必得一子。

② 炮七进二　　马 2 退 1

③ 车六进五

红方进车塞象眼，牵制住黑方 3 路马，不让其回防策应。

③ ……　　　象 5 进 7

黑方如改走炮 2 平 4，则兵九进一，黑方同样失子。

④ 兵九进一　　马 1 退 2

⑤ 车六平八

红方平车捉双，必得一子。

⑤ ……　　　卒 9 进 1

⑥ 车八进一（红方胜势）

第 160 题

① 车二进四　　象 5 退 7

② 兵四进一

红方进兵捉双，迫使黑车离线，是谋子的关键。

② ……　　　车 7 平 6

③ 仕五进四　　车 6 平 7

④ 马六进五　　炮 7 平 5

⑤ 马五进三　　炮 5 进 3

⑥ 仕六进五（红方大优）

引入、引离、逼迫战术

第 161 题

① 炮三进二　　象 5 退 7

② 车二平七（红方胜定）

第 162 题

① 车八进六

红方进车将军，引离黑车，解除车马受牵的状态。

① ……　　　车 4 退 6

② 车八退三（红优）

第 163 题

① 车七平四

红方利用引入战术，形成重炮绝杀。

① ……　　　将 6 进 1

② 炮七平四　　士 6 退 5

③ 炮五平四（红胜）

第 164 题

① 车八进一

红方进车将军，引离黑马，为

谋子做准备。

①……　　　　马3退4

黑方如士5退4，则车八退四，红方同样得子。

②车八退四　马4进3

③车八平七（红优）

第165题

①炮一进二

红方进炮作杀，引离黑士，为右炮左移做准备。

①……　　　　士5进4

②炮一平九　车1平4

③车八平九（红优）

第166题

①炮三退三

红方退炮驱离占据防守要点的4路马。

①……　　　　马4进2

②马五进七　将4进1

③车九进二（红胜）

第167题

①炮八平五　象3进5

②炮九进三

红方进炮将军，把黑象从中路引离。

②……　　　　象5退3

③车六进九（红胜）

第168题

①车六进一

红方弃车杀炮，利用引入战术，把黑将引到受攻位置。

①……　　　　将5平4

黑方如将5进1，则车六平四，将5平4，车一平六，红胜。

②车一平六　将4平5

③炮八退一（红胜）

第169题

①炮二退一　炮4进5

②炮二平六

红方兑炮引离黑车，为得子创造条件。

②……　　　　车3平4

③车七退一（红优）

第170题

①炮九平五　将5平4

②车四平六

红方肋线叫将，把黑将驱离肋线，为作杀创造条件。

②……　　　　将4平5

③马三进二（红方胜定）

第171题

①车一平四　将4进1

②马六进八

红方进马迫使黑将平中。

②……　　　　将4平5

③兵三平四（红胜）

第172题

①兵七平六

红方平兵利用引入战术，把黑车引到受攻位置。

①……　　　　车4进1

黑方如改走车4平6，则兵六平七，炮4平8，车七进二，将4进1，炮六退一，以后有马七进六的攻击手段，红方胜势。

②马七进八　车4退1

③车七进二　将4进1

④马八进七（红胜）

第173题

①兵六平五

红方弃兵将军，一着两用，既是利用引入战术，把黑将引至受攻范围；又为八路马挂角将军闪出位置。

①……　　　　将5进1

②车七进八　将5进1

黑方如将5退1，则马八进六，绝杀。

③炮五平六　马7进5

④马八退六（红胜）

第174题

①兵五平四　将6平5

②兵四进一

红方连续运兵，利用引入战术，把黑将引入红马的攻击范围。

②……　　　　将5平6

③马七进六　将6平5

④车八退一（红胜）

第175题

①马三进四　将5进1

②车七进五　车4退5

③炮五进四

炮打中卒引离黑将或中炮，黑方无论如何应，红方都可以得子。

③……　　　　将5平6

④车七平六（红优）

第176题

①兵一进一

红方冲兵利用引离战术，迫使黑方8路炮失去保护。

①……　　　　车9进2

②炮三进三　炮5平7

③车二进一　炮7进4

④相七进五（红优）

第177题

①马六进五　象3进5

黑方如改走将6平5，则马五进七，将5退1，车六进六，红胜。

②兵三进一

红方进兵将军，利用引入战术把黑将引到受攻位置。

②……　　　　将6平5

③马五进三　将5退1

④车六进六（红胜）

第 178 题

① 兵五平六

红方弃兵将军，利用引入战术把黑士调至士角，为后续车马炮联合作杀打下基础。

① ……　　　士 5 进 4

② 炮五平六　士 4 退 5

③ 车七退一　将 4 退 1

④ 马四进六（红胜）

第 179 题

① 车一平六

红方平车将军，把黑将引入到马、炮攻击的范围内。

① ……　　　将 4 平 5

② 马二进三　士 5 退 6

③ 马三退四　将 5 进 1

④ 车六进五（红胜）

第 180 题

① 马二进四

红方进马叫将，利用引入战术，把黑车调到右翼。

① ……　　　车 3 平 6

② 车二平六　车 6 进 1

③ 车六进四　士 4 进 5

④ 炮七平五（红方胜定）

第 181 题

① 车七进九

红方弃车杀象，引离黑方 1 路象，为边炮下底将军创造机会。

① ……　　　象 1 退 3

② 炮九进五　象 3 进 5

③ 马八进七　将 4 进 1

④ 马二进四（红胜）

第 182 题

① 马七进九

红方进马伏有马九进七卧槽的手段，逼迫黑炮退至下二路线防守。

① ……　　　炮 6 退 1

② 车三进四

红方进车捉炮，再次把黑炮调离防守位置。

② ……　　　炮 6 进 2

③ 马九进七　将 5 平 4

④ 车三退七（红方优势）

第 183 题

① 车四进一　将 5 平 6

② 车六进九　将 6 进 1

③ 兵三平四　将 6 进 1

④ 车六平四（红胜）

第 184 题

① 车四平六

红方弃车活马，利用引入战术巧妙入局。

① ……　　　将 4 进 1

② 马三进四　将 4 退 1

③ 车五平六　将 4 平 5

④ 马四退五　士 6 退 5

⑤ 马五进三（红胜）

第185题

①炮九进一

红方弃炮把黑车引离防守要点。

① ……　　　　车4平1

黑方如车4进7，则车八进三，红方下一着再马四进六，绝杀。

②马四进六　将5平4

③车八平六　车6平5

④马六退八　将4平5

⑤马八进七（红胜）

第186题

①炮五进四

红方弃炮打将，引离黑马，准备利用先弃后取的战术争先。

① ……　　　　马7进5

②马六进七　炮2平3

黑方如改走士6进5，则车六退三，下一着再车六平四，红方有连杀的手段。

③车六平三

红方闪击黑车，精巧。

③ ……　　　　炮3退3

④车三退二　马5进3

⑤马一进三（红优）

第187题

①炮八进四

红方进炮叫将，引离黑象。

① ……　　　　象5退3

黑方如改走士4进5，则兵七

平六，车4平3，炮八平九，红方有杀棋。

②马五退三　炮6平3

黑方只能平炮解杀，如改走象7进5，则前马进四，将5进1，炮八退一，车4退2，兵七平六，将5平4，炮七进七再车八进三，绝杀。

③马三进四　将5进1

④马四退六　马6退4

⑤车八平三（红优）

第188题

①炮二进五

红方进炮攻象，引离守护中卒的黑方3路马。

① ……　　　　马3进4

②炮五进四　车3进1

③炮五平七　象5退3

黑方如车3平6，则炮二平五，士5进4，炮七进三，绝杀。

④炮七退四　炮6平3

⑤炮七平八（红优）

第189题

①马二进三

红方弃马叫将，引离黑车，为打通肋线做准备。

① ……　　　　车7退5

②车四退三　车7退1

③车四进五　车1进1

面对红方车六平五的杀棋，黑方只好弃车解围。

④ 车六平九　　马4进3

⑤ 车九平七（红方胜势）

第190题

① 炮三进六

红方进炮伏杀的同时，把黑车引离底线。

① ……　　　　车7进3

② 炮二进七　　车7退3

③ 兵七平六　　将4平5

④ 前兵平五　　将5平4

⑤ 兵六进一（红胜）

第191题

① 兵四进一

红方弃兵引离黑士，为三路马挂角将军留出位置。

① ……　　　　士5退6

② 马三进四　　将5进1

③ 炮四平五　　将5平6

④ 兵二平三　　将6进1

⑤ 炮五平七

红方平炮拦车，接下来有兵五进一或兵五平四两种进攻方法，黑方只能解除其中的一种威胁，红方胜定。

第192题

① 车一进五　　车9退6

② 车八进四　　车1平2

③ 兵五进一

红方连续弃车，把黑方双车从攻击位置引离开，确保防守无忧。

③ ……　　　　将5平4

④ 兵五进一　　炮4平7

⑤ 兵五平六（红胜）

第193题

① 车六进一　　将6进1

② 炮一退一

红方退炮叫将，把黑车引入到受攻的位置上，准备实施得子计划。

② ……　　　　车9退4

③ 车六退一　　将6退1

④ 马三退五　　将6平5

⑤ 车六平一（红方胜定）

第194题

① 车三进一

红方弃车的作用有两个，一是把黑象引到底线，成为红炮进攻的炮架；二是为红马将军腾挪出位置。

① ……　　　　象9退7

② 马三进二　　将6平5

③ 炮一平五　　象7进5

④ 马二退四　　将5平6

⑤ 炮五平四（红胜）

第195题

① 马二退三

红方退马将军，驱离黑将，为车八平五杀象创造条件。

① ……　　　将6退1

② 车八平五　马7进8

③ 车五平四　士5进6

④ 马三进五　将6平5

⑤ 炮一平五（红胜）

第196题

① 炮九进一

红方弃炮引离黑车，为车炮作杀创造条件。

① ……　　　车2平1

黑方如车2进1，则炮九平三，车2平4，兵三进一，红方胜定。

② 炮八退七　车1进1

③ 炮八平六　车1平4

④ 相五进七

红方扬相露帅又暗伏牵制黑方7路底车的作用，好棋。

④ ……　　　卒9进1

⑤ 炮六进七（红方胜定）

第197题

① 车六平五

红方弃车杀象，利用引入战术，获得攻势。

① ……　　　将6平5

② 兵五进一　将5退1

③ 兵五进一　将5平4

④ 兵五平六

红方送兵露帅，再次运用引入战术，是连杀的佳着。

④ ……　　　将4进1

⑤ 兵七进一　将4退1

⑥ 兵七平六（红胜）

第198题

① 车五进三

红方弃车砍士，利用引入战术把黑将引到受攻的位置。

① ……　　　将5进1

② 车八进一　将5退1

③ 马六进五　士6进5

黑方如车4平5，则马五进三，双将杀。

④ 车八平五　将5平6

⑤ 车五进一　将6进1

⑥ 车五平四（红胜）

第199题

① 炮五进三　士5进4

② 炮五平六　将4平5

③ 车七进一

红方进车将军，把黑将驱赶到红马的攻击范围内。

③ ……　　　将5进1

④ 马三进四　将5平6

⑤ 马四进六　将6平5

⑥ 车七平五（红胜）

第200题

① 马六进七　将5平4

②炮四平六

红方平炮的作用有两个：一是引离黑马，黑方如马3进4，则车七平六，红方有连杀的机会；二是把黑将引至受攻的位置。

②……　　　将4进1

③炮二退一

红方退炮的主要作用是牵制黑中士。

③……　　　象1退3

④车七平六　马3退4

⑤车六进一

红方再次运用引入战术，形成绝杀。

⑤……　　　将4进1

⑥马七退六（红胜）

第201题

①车六平四　士5进6

黑方如改走车7平6，则车四进五，士5进6，炮六平四，士6退5，车二进六，象5退7，车二平三，将6进1，炮五平四，绝杀。

②炮六平四　士6退5

③车二进六　象5退7

④车二平三

红方平车把黑车从防守位置引离开。

④……　　　车7退2

⑤炮四平五　士5进6

⑥车四进五（红胜）

第202题

①兵三进一

红方弃兵迫使黑方处在红方车马攻击的位置。如改走兵四平五，则将6平5，炮九进三，象3进1，红方无杀。

①……　　　象5退7

②兵四平五

平兵闪出车路，红方已经形成连将杀势。

②……　　　士5进6

③车四进五　将6平5

④马一退三　将5进1

⑤车四进一　将5退1

⑥车四平六（红胜）

第203题

①车三平五

红方弃车杀士，利用引入战术为后续子力的攻杀打下基础。

①……　　　将4平5

黑方如将4进1，车二退二，象3退5，兵七平六，红胜。

②车二退一　将5进1

③车二退一　将5退1

④马六退四

红方运用顿挫战术，为车马炮联攻创造条件。

④……　　　将5退1

⑤马四进三　将5平4

⑥车二平六（红胜）

第204题

①马一进二

红方进马形成威胁，迫使黑方退炮，以便接下来在二路线上展开进攻。

①……　　　炮4退2

黑炮被引离防守位置无奈，如炮1平8，则炮六平五，士5进4，马二进四，将5进1，马四退六，红方得子。

②炮六平五　士5进4

黑方如改走士5进6，则马二进四，将5进1，马四进六，将5平4，马八退七，炮1平3，炮五平七，红方胜定。

③马八退七　炮1平3

④马七进五　士6进5

⑤马五退六　将5平6

⑥马六进七（红优）

串打战术

第205题

①炮四进四　卒5进1

②炮四平八（红优）

第206题

①炮九平三　象3进5

②马四进五（红优）

第207题

①炮六退三　将6平5

②车二进三　前车平8

③炮六平二（红优）

第208题

①炮九进一　炮2进6

②炮九平五

红方利用串打战术控制中路。

②……　　　将5平4

③仕四进五（红优）

第209题

①炮九退二

红方退炮串打，迅速打开局面。

①……　　　炮2进1

黑方如改走车4退2，则马六进五，车4进5，马五退七，车4平5，马七进八，红方得车胜定。

②车二平七　将5平4

③炮五平六

捉死黑车，红方大优。

第210题

①炮二进三　卒7进1

②炮二平六　卒7进1

③马三退二（红优）

第211题

①炮六进一　马1退2

②马七进八　马2进3

③炮六退二（红方稍好）

第212题

①兵三进一

红方冲兵强迫对方交换，为实施串打战术做准备。

①······   炮7进4

②炮六平三   马7退9

③车六平二

接下来伏有车二进四提死马的手段，红方大优。

第213题

①车六平三   车6进3

②炮七进一   车6平5

③炮七平三（红优）

第214题

①炮四平五   马1进3

②后炮进二   马3退5

③兵三进一（红方大优）

第215题

①炮五平四

红方平炮叫将，为退炮串打创造条件。

①······   将6平5

②炮四退四   炮1平5

③仕六进五   车3退2

④炮四进三（红优）

第216题

①炮二平三   车7平4

②车七平五   车3平1

黑方如改走马7退8，则车四进一，象7进9，车四平二，红方得子。

③炮三进六   马5进7

④车四平三（红优）

第217题

①炮二平三   炮4平7

②相三退一   马4进5

③炮三进五   炮7平5

④帅五平四（红优）

第218题

①炮五平三   象7进9

②兵五平四   炮7平5

③兵四平三   象9进7

④炮三进二（红方胜势）

第219题

①炮八平九   车1平2

②车四平六   将4平5

③前炮退八   车2退2

④后炮进三（红优）

第220题

①相五进三

红方利用黑方7路线上的弱点，采用蚕食策略，积小胜为大胜。

①······   马7退5

②兵五进一   炮8平1

③炮六平三

146

红方平炮利用串打战术发起进攻。

③……　　　车7平6

④炮三进六　士6进5

⑤车八进三（红优）

第221题

①炮三进三

红方进炮串打，夺势的关键之着。

①……　　　车5平4

②炮三平五　车3平5

③车六退一　车5平6

④车七退一　马5进6

⑤车六平七（红优）

第222题

①炮二进三

红方进炮串打，谋子夺势。

①……　　　炮5平4

②马六退八

红方退马引离黑车，正着。

②……　　　车3进2

③炮六进五　士5进4

④车三进一　卒7进1

⑤车三平四（红优）

第223题

①炮四退五　马1退3

②炮四进一

红方进炮串打，谋子得势。

②……　　　马3退5

③炮四平八　马5退3

④相五进七　炮3进5

⑤炮八平五（红优）

第224题

①炮三平九

红方平炮后伏有炮九进三，炮4退1（如将5进1，则马六进七，炮4进1，炮九退一，将5退1，马八退六吃炮后有连将杀的手段），马八进六的先手。

①……　　　士6退5

②炮九退三　马7进6

③炮九平四　炮9平5

④马六退五　马6进5

⑤相三进五（红优）

第225题

①车八平四

红方平车叫杀，为八路炮串打创造条件。

①……　　　士4进5

②炮八进四　炮3退5

③炮八平六　炮3进6

④相五退七　车8平4

⑤相七进五（红方大优）

第226题

①炮六进三

红方进炮串打，延缓黑方的反击节奏。

①……　　　炮5进2

②仕四进五　炮9平4

③车六退三　车3进4

双方四车相见，局面将进一步简化。

④车一平七　车8平4

⑤车七退四（红方稍好）

第227题

①炮一平四　炮8平6

黑方如改走炮6进2，则炮五平四，红方同样利用串打战术得回失子，占优。

②车八进三　后炮退1

③车八平四　前炮退5

④炮五平四　前炮退1

⑤前炮进三（红优）

第228题

①兵三平二

红方弃兵攻车，为实施串打战术创造条件。

①……　　　　车9平8

②马三进二　车8平7

③炮二进五　车7平8

④炮七平二　车8平7

⑤车六平四（红优）

围困、堵塞、封锁战术

第229题

①车一平四

红方弃车实施堵塞战术。

①……　　　　马4退6

②炮三进七（红胜）

第230题

①车九平五

红方平车杀士，利用堵塞战术作杀。

①……　　　　车5退2

②炮五平四（红胜）

第231题

①马八退六　士5进4

②炮六退一（红胜）

第232题

①炮六平八

红方平炮切断黑方车马之间的联系，为困马谋子创造条件。

①……　　　　马7退8

黑方如改走马2退4，则炮四平六，车2进4，马五进三，红方得子。

②车七进一　炮1平2

③车七平八（红优）

第233题

①车八进四

红方弃车将军，一着两用。既是堵塞战术的运用又是闪击战术的运用。

①……　　　　车2进1

②兵七平八

红方平兵闪将，是堵塞战术的后续手段。

② ……　　　将 4 进 1

③炮九进三（红胜）

第 234 题

①相三退一

红方退相实施围困战术，为接下来的谋子做准备。

① ……　　　炮 9 平 8

②炮四平三　马 7 进 9

③马三退二（红方得子）

第 235 题

①马八进六

红方进马挤住黑方中炮，精巧有力！

① ……　　　马 8 进 6

②前炮进六　士 5 退 6

③兵五进一

捉死黑炮，红方大优。

第 236 题

①马九退八　马 2 进 1

②相七进九　卒 3 进 1

③帅五进一

黑方双马分别被困住，走动哪一个，红方都可以形成杀棋。

第 237 题

①马五退六　将 6 进 1

②马六退五　炮 3 平 5

③帅五平六

黑方炮马都被红方困住，失子已在所难免，红方胜定。

第 238 题

①炮八平六

红方平炮打车，并对黑方中炮形成围困之势。

① ……　　　车 4 平 2

②车三平五　炮 5 平 9

③炮六平一（红优）

第 239 题

①相七进九

黑车被困在边线，红方可以炮六平九或马八退九谋车，但是得子之后红方九路车被封，显然这两种方案红方都是亏损的。进边相打车则解决了红方九路车的出路问题，因此是最为理想的选择。

① ……　　　车 1 退 1

②炮九进六　象 3 进 1

③相九退七（红方大优）

第 240 题

①车八进七

红方进车捉马封锁黑车出路。

① ……　　　马 3 进 4

黑方如改走前炮平 3，则马三进一，马 7 退 8，马一进三，马 8 进 6，炮二进七，士 6 进 5，兵三进一，红方大优。

②兵三进一　士6进5

黑方如象5进7，则车八平三，车1平2，炮二进七，士6进5，车三进二，士5退6，炮二平四，红优。

③炮二进六（红优）

第241题

①车六进五　将5退1

②炮七进一

进炮将军，利用堵塞战术迫使黑士限制黑将的活动。

②……　士4进5

③车六进一（红胜）

第242题

①车三平二

红方平车困马，实施围困战术，为谋子创造条件。

①……　马5进7

②炮九退六　炮4退2

③兵五进一　卒5进1

④炮九平二（红优）

第243题

①兵四平五

红方利用围困战术困住黑将。

①……　炮5退2

②兵五平六　车4退7

黑将被自己子力困住，无处可逃。

③炮四进一　炮5进2

④马四进五（红胜）

第244题

①相一进三　炮9平8

②车七平二　马3进1

③炮八平九　炮8平9

④车一进一（红优）

第245题

①兵五进一

红方利用黑方将位不安的弱点，实施封锁战术，控制黑方子力的展开。

①……　将5退1

②兵五平六　将5平4

黑方如将5进1，红方同样兵六进一封禁。

③兵六进一　将4平5

④帅四退一（红胜）

第246题

①炮二进四

红方进炮拦截使7路马失去保护的同时，把黑车封在边路，为后续的进攻创造条件。

①……　车2进5

黑方如改走马7退6，则车三进三，下一着再炮二进二沉底，红方优势。

②帅五平四　车9退1

黑方弃马退车，希望在肋线对红方形成威胁。

150

③车三进一　车9平6

④炮五平四（红优）

第247题

①马八进六

红方进马实施围困战术，意在谋子。

①……　　　车9平8

②兵五进一　车8进3

黑方如改走炮7退2，则炮八进三，交换后黑马被捉死。

③炮八进四　车8退2

④炮八平六（红优）

第248题

①车六平二　马9进7

②车二退二

红方退车保马，对黑方车炮进行围困，并伏有炮六退一打死车的手段。

②……　　　车7平6

黑方如车7平9，则车二进五，红方有闪击。

③车二退二　炮9平7

④车二平三（红优）

第249题

①炮六平八

红方平炮封锁黑方2路车，好棋。

①……　　　车2平3

黑方如改走马3退5，则车七

进四，士4退5，车二退一，将6退1，车七平五，马5退7，车五退三，红方大优。

②车七平二

红方左车右移，准备作杀。

②……　　　将6平5

③后车进四　车6退1

④炮八平四（红方大优）

第250题

①车五平八

红方平车采用封锁战术，控制黑卒又牵制底炮。

①……　　　炮4进2

②车八进三　炮4退2

③帅五进一　卒1进1

④相七退九（困毙，红胜）

第251题

①兵五进一

红方进中兵用车封锁黑马的退路，为实施谋子计划创造条件。

①……　　　卒7进1

②车二平八　将5平4

③车八进六　将4进1

④车八退八（红优）

第252题

①炮二进八

红方进炮封锁黑方底马，同时掩护左马进卧槽攻击黑将，形成左右夹击之势。

① ……　　　　车 3 平 6

② 马八进七　将 5 平 6

③ 马一进二　车 6 退 2

④ 车三进一（红方胜势）

第 253 题

① 车一平六　士 6 进 5

② 前车退一

红方围困并捉死黑炮，必能得子。

② ……　　　　卒 5 进 1

③ 兵五进一　车 3 平 5

④ 前车平七（红优）

第 254 题

① 炮五进六

红方利用堵塞战术为闪出中帅助攻创造条件。

① ……　　　　将 5 平 4

黑方只能出将，如用士吃炮则形成白脸将杀。

② 炮五平一　车 9 退 5

③ 车七平六　车 9 平 4

④ 车六进二（红胜）

第 255 题

① 车四进六

红方弃车砍炮，利用引离战术让黑方 4 路炮离线，为实施堵塞战术做准备。

① ……　　　　炮 4 平 6

② 兵六平五

红方弃兵，利用堵塞战术作杀。

② ……　　　　马 3 退 5

③ 前炮进五　马 2 退 4

④ 炮六进九（红胜）

第 256 题

① 车二退九

红方退车困马，将黑车引离防守位置。

① ……　　　　车 9 进 4

② 炮三退八　马 9 退 8

③ 炮三进二

红方借捉双之机，右炮左移。

③ ……　　　　马 8 进 9

黑方如马 8 退 9 将会限制黑车回防，局势更差。

④ 炮三平八　车 9 退 4

⑤ 马四退六（红优）

第 257 题

① 车八退一

红方伏有马三进五捉车的手段！

① ……　　　　炮 1 退 2

② 马三进五　车 8 进 9

③ 车四退六

红方如仕五退四，则车 3 平 4，黑车逃离。

③ ……　　　　车 8 平 6

④ 帅五平四　车 3 平 1

⑤ 相七进九（红方得子大优）

第 258 题

① 马五退七

红方退马困车，好棋!

① ……　　　车 3 退 1

② 炮四退二　　车 3 进 1

③ 炮四平三

红方伏飞相捉车!

③ ……　　　炮 6 进 4

④ 相三进五　　炮 6 平 3

⑤ 帅五平四

捉死黑车，红方胜定!

第 259 题

① 相五退三

红方落相困炮!

① ……　　　　象 5 进 7

② 马三退二　　将 6 平 5

③ 马二退三　　士 5 进 6

④ 马三退二　　卒 3 进 1

⑤ 马五退六

捉死黑炮，红方必胜!

第 260 题

① 车八退一

红方退车实施围困战术，谋和的关键。

① ……　　　　车 3 平 7

② 仕六退五

红方退仕防止黑方车 7 退 1 叫将抽车。

② ……　　　　士 5 退 4

③ 帅四进一　　车 7 退 3

④ 帅四退一　　车 7 平 6

⑤ 仕五进四（和棋）

第 261 题

① 仕五进六

红方支仕实施围困战术，为得子打下基础。

① ……　　　　士 4 进 5

黑方如改走马 3 退 1 或马 3 进 1，红方都可走相七进九进行围困。

② 马四退六　　马 3 退 1

③ 相七进九

黑马已经无点可落。

③ ……　　　　将 6 平 5

④ 马七退八　　将 5 平 4

⑤ 马八进九（红方胜定）

第 262 题

① 车三平八　　车 3 进 4

② 车八退一

红方退车困马，利用围困战术谋子。

② ……　　　　士 5 退 4

③ 马八退九　　车 3 退 4

④ 兵九平八　　车 3 退 1

⑤ 车八退一（红方胜势）

第 263 题

① 帅六退一　　象 9 退 7

② 炮九平七

红方平炮守住底相，是围困黑

153

炮的重要环节。

② ······ 　　象7进5

③ 炮七退五　　象5退7

④ 帅六退一　　炮5平3

⑤ 炮七退四（红方胜定）

第264题

① 车四进五

红方进车加强封锁，遏制黑方的反击。

① ······ 　　马7退9

② 炮二平五　　马3进5

③ 炮八平五　　车2进9

④ 马七退八　　炮6平9

⑤ 马八进七（红优）

第265题

① 车七进二

红方进车压马，准备利用封锁战术限制黑方3路马，获得攻势。

① ······ 　　象3进1

黑方飞象是必走之着，否则红方炮九平七串打，黑方难应。

② 马六进八　　马3退2

③ 炮九平六

红方平炮正确，如先走马八进六，黑方有车7平3兑车的机会。

③ ······ 　　马2进4

④ 车七进二　　马4进5

⑤ 马八进六

红方运用封锁战术限制黑方右

翼子力对左翼的支援，形成三子归边之势，红优。

第266题

① 炮四平二

红方利用堵塞战术，准备在黑方底线作杀。

① ······ 　　炮5平6

② 车九平八　　车8退5

③ 马四进三

红方进马伏有车三平五闪击的棋，这是上一着弃炮的后续手段。

③ ······ 　　炮6退1

④ 车三平六　　车8平5

⑤ 车六退三（红优）

第267题

① 马六进七

红方进马，实施围困战术。

① ······ 　　车8平9

② 兵五进一　　马9进8

③ 兵五平六　　车9退2

④ 车四平一　　马8退9

⑤ 兵六进一（红方胜势）

第268题

① 车一平八

红方右车左调，准备利用围困战术谋子。

① ······ 　　马2进4

② 马七进九　　炮3退2

③ 车八进四　　马4进3

④ 车八平七　马 7 进 9

⑤ 车七退二（红优）

第 269 题

① 炮五进四

红方炮击中卒准备实施围困战术，为谋子创造机会。

① ……　　　炮 6 平 9

② 炮九平七　车 3 平 4

③ 炮五平六　车 4 退 1

④ 仕五进六　车 7 平 5

⑤ 仕六退五（红优）

第 270 题

① 前兵平八

红方平兵准备实施围困战术，为谋子创造条件。

① ……　　　车 1 进 2

② 马七退九　车 1 平 4

③ 车八平九　车 4 进 1

④ 马二退三　车 4 平 2

⑤ 车九退一（红优）

第 271 题

① 车八进二　士 5 退 4

② 兵四平五

红方弃兵利用堵塞战术，控制黑将的活动范围，为闷杀创造条件。

② ……　　　士 6 进 5

③ 车八退九　马 1 退 2

④ 炮七进七　车 3 退 9

⑤ 炮九平七（红胜）

第 272 题

① 车五退一

红方退车利用堵塞战术限制黑将的活动，为接下来在肋线上作杀创造条件。

① ……　　　车 4 平 5

② 马三退四　将 6 进 1

③ 马六退五　将 6 退 1

④ 马五进四　将 6 进 1

⑤ 炮六平四（红胜）

第 273 题

① 兵五进一

红方弃兵攻马，意在引离黑炮，对黑方中路进行围困。

① ……　　　炮 5 进 2

② 炮六进五

红方进炮捉双，紧凑。

② ……　　　车 1 退 1

③ 炮六平四　车 3 平 6

④ 车七平五　车 1 平 5

⑤ 车五平六　车 6 退 4

⑥ 车八平六

接下来以车破士，红方大占优势。

第 274 题

① 炮四平二　士 4 进 5

黑方如改走炮 9 进 2，则相五退三，炮 9 平 7，炮二进七，红方有杀棋。如果不打相，黑方炮马的位置更差，红优。

②相五退三

红方退相继续围困黑马。

② ……　　　炮9平8

③炮一平二　士5进6

④前炮退一　卒3进1

⑤马四退三　炮8平9

⑥炮二退三（红方胜定）

第275题

①帅五进一

红方上帅实施围困战术。

① ……　　　炮7平4

②炮五平六　士5进6

③马三进四　将4平5

④兵五平六

红方兑炮好棋，让黑马脱根，为谋子做准备。

④ ……　　　炮4退3

⑤兵六进一　马9退7

⑥帅五平六（红方大优）

第276题

①车八退二

红方退车困马，准备利用围困战术谋子。

① ……　　　后马进2

②马七退九　炮3平4

③车八平七　炮4进3

④车七退一

红方退车实施困炮的计划。

④ ……　　　炮5平4

⑤马九退八　车7进5

⑥马八进六（红优）

第277题

①马九退七

红方退马闪击黑方边马，为实施围困战术创造条件。

① ……　　　炮4平1

②车六平八

红方准备车八退一困马得子。

② ……　　　炮3平8

③车八退一　炮8进3

④炮九退六　炮1进7

⑤车八平九　车5进2

⑥炮一平四（红优）

第278题

①相五进三

红方飞相准备对边马实施围困计划。

① ……　　　炮8退3

黑方如改走马9进7，则帅五平六，炮8退4，炮六平三，打死黑车。

②相七进五　士5进4

黑方如改走马3进2，则炮六退一，马2进4，炮六平一，炮8平6，炮一平三，炮6平7，车三平二，红方大优。

③车三进二　马3进4

156

黑方如马9进8，则车三平二提双。

④ 马四进六　车7平4

⑤ 炮六退一　士6进5

⑥ 车三平一（红优）

第279题

① 炮八进四

红方进炮打马的同时封锁黑炮的出路，为谋子创造条件。

① ……　　车4退3

② 炮八平九　将4平5

③ 车七进三　炮2进4

黑方如改走车4平2，则车七进一，将5退1，后炮进二，炮2平1，后炮平八，黑方只能弃车吃炮，红方胜定。

④ 车七进一　将5退1

⑤ 前炮平八　炮2平1

⑥ 炮九退三（红方优势）

第280题

① 车八平五

红方弃车杀士，利用堵塞战术为后续作杀创造条件。

① ……　　　将5平6

② 车五进一　将6进1

③ 车六进四

红方进车将军，再次利用堵塞战术限制黑将活动空间。

③ ……　　　马3退5

黑方如士4进5，则车五平四，绝杀。

④ 车五平四　将6退1

⑤ 车六进一　将6进1

⑥ 车六平四（红胜）

先弃后取战术

第281题

① 车八平六　将5平4

② 马六进八　将4平5

③ 马八退九（红优）

第282题

① 马六进四　炮4平6

② 车三进一　士4进5

③ 炮二平五（红优）

第283题

① 车七平五　车7平5

② 马六退四　将5进1

③ 马四退五（红方胜势）

第284题

① 马八进七

红方进马吃象，实施先弃后取战术。

① ……　　　象5退3

② 车一进二　炮7平6

③ 车一平三（红优）

第285题

① 炮八进七

红方进炮叫将，利用先弃后取战术，打破黑方防线。

① ……　　　马3退2

黑方如士5退4，则炮八退三，车4平3，炮八平五，马3进5，车四平五，车3进1，车五退二，红方得子大优。又如象3进1，则炮八平九，士5进6，车四进一，车8进3，车八进九，将5进1，车八退一，将5退1，马七进五，炮5退3，炮七进五，红方胜势。

② 车四平五　　车8进5

③ 车八进九（红方大优）

第286题

① 帅五平六　　车3进1

② 仕六进五　　车3进1

③ 帅六进一（红优）

第287题

① 车八平七　　象5进3

② 马三退四

红方退马腾挪，兼有闪击的作用！

② ……　　　　炮5平7

③ 炮四进四

红方通过先弃后取，从容占优！

第288题

① 车六退五

红方退车捉双，紧凑。

① ……　　　　炮5平9

② 兵三进一　　炮9进3

③ 炮四进九

红方弃炮打士，利用先弃后取战术，破坏黑方防线。

③ ……　　　　车6退8

黑方只能退车吃炮，如马3进2逃马，则炮四退七，红方有杀棋。

④ 车六平七（红优）

第289题

① 马七进六

红方实施先弃后取战术，准备谋子。

① ……　　　　车4进2

黑方如改走马5退7，则马六进八，车4进3，炮三进五，红优。

② 车五进一　　将5平4

③ 车五平七　　炮8进3

④ 仕六进五（红优）

第290题

① 马九退七

红方通过先弃后取赚得一象，积累物质优势。

① ……　　　　车6平3

黑方如车6平4，则马七进八，红方主动。

② 炮八平七　　车3进1

③ 相五进七　　象3进5

④ 炮四进四（红方略优）

158

第 291 题

① 车四进五　车 7 平 6

② 马三进二　将 6 平 5

③ 马二退四　马 8 进 6

④ 车七平一（红优）

第 292 题

① 炮五进二

红方利用先弃后取战术消除隐患，稳健的选择。

① ……　　车 2 进 7

② 车六平二　车 8 进 4

③ 前车进二　车 8 平 6

④ 前车平四（红方先手）

第 293 题

① 兵七进一

红方冲兵好棋，利用先弃后取战术设下陷阱。

① ……　　车 4 退 2

② 兵七平六　车 4 进 1

③ 前炮平五　士 6 进 5

④ 车八进四（红优）

第 294 题

① 车八退四

红方弃车利用先弃后取的手段，保持攻势。

① ……　　车 4 平 2

② 马四进六　车 2 平 6

③ 车四进五　车 8 平 6

④ 马六退四（红优）

第 295 题

① 车七进五　士 5 退 4

② 炮七平五

红方弃炮将军，是精妙的好棋。

② ……　　马 3 退 5

③ 车七平六　将 5 进 1

④ 车六退七

红方通过先弃后取谋得黑士，胜定。

第 296 题

① 炮五进四

红方进炮击卒，简明有力。

① ……　　马 3 进 5

② 炮九平五　士 4 进 5

③ 炮五进四　象 7 进 5

④ 相三进五

红方通过先弃后取，取得了多兵且子力占位较好的优势局面。

第 297 题

① 车四进一

红方进车捉炮，巧着！准备利用先弃后取战术谋子。

① ……　　炮 4 平 9

② 车四平一　车 4 平 6

③ 车一平七　车 6 退 2

④ 炮三平一（红优）

第 298 题

① 车二平三　卒 7 进 1

② 马五进四　前车平 5

③马七进五　马6进5

④炮五进四（红优）

第299题

①炮七平五　炮2平5

②炮八进三　马4退3

③车六平七　车8退2

④车七进四（红优）

第300题

①车八平六

红方平车杀士，利用先弃后取战术率先发难。

①……　　　　将5平4

黑方如改走将5进1，则炮五平三解杀，以下兵六进一，红方胜势。

②兵六平七　将4平5

③兵七进一　车9平8

④炮六平四

平炮闪出红帅助攻，红方大优。

第301题

①炮五进三

红方进炮打象，先弃后取。

①……　　　　象3进5

②马七进五　马7进9

黑方如炮7平9，则车三进三，将6进1，马五退三，将6进1，车三退二，将6退1，车三平二，将6退1，车二进二，绝杀。

③马五进三　炮3平7

④车三进二（红方优势）

第302题

①马三进四

红方进马捉车，先弃后取。

①……　　　　车8进2

黑方如车8平6，则马四进六捉双，炮1退2，炮二进八，红方优势更大。

②车三平四　将5进1

③车四退一　将5退1

④马四进六

红方进马捉双，得回失子。

④……　　　　炮5平8

⑤马六退七（红优）

第303题

①兵三进一

红方冲兵准备先弃后取，缓和紧张的对峙局面。

①……　　　　车6平8

②车二进五　炮4平8

③兵三进一

红方进兵捉双，得回失子。

③……　　　　马7退9

④兵三平二　马9进8

⑤马六进八（红方稍好）

第304题

①马八进六

红方进马挂角，实施先弃后取计划。

①……　　　　车4进1

160

② 兵六平七　车 3 平 4

③ 马五进六　车 4 进 1

④ 车六进四　士 5 进 4

⑤ 车八进三（红优）

第 305 题

① 车二退三

红方利用先弃后取的战术，调整子力位置。

① ……　马 7 退 5

② 车二平五　车 4 平 5

③ 马七进六　车 5 退 1

④ 马三进四　车 5 平 6

黑方如改走炮 2 进 4，则马六进八，车 5 平 6，车五进一，红方得回失子。

⑤ 车五进一（红方主动）

第 306 题

① 车七平九

红方利用先弃后取战术保持攻势。

① ……　前车平 6

② 炮二平八　车 4 进 7

黑方被迫弃还一车，如改走将 4 进 1 或车 4 进 4，红方都可炮八进一绝杀。

③ 仕五退六　将 4 进 1

④ 炮八退一　将 4 进 1

⑤ 炮九退三（红方胜势）

第 307 题

① 车二进六

红方进车吃炮，是先弃后取之着。

① ……　车 8 进 3

② 炮七进四　卒 7 进 1

③ 相五进三　车 8 进 1

④ 炮七进一

红方顺势进炮捉死黑马。

④ ……　马 1 退 2

黑方显然不能让红方顺利炮七平九吃马，否则得子后红方子力位置更好。

⑤ 车八进二（红优）

第 308 题

① 马三进四

红方利用先弃后取战术破坏黑方的防守阵型。

① ……　士 5 进 6

② 车五进二　士 6 进 5

③ 车五退四　马 8 进 7

④ 车五进三

红方先走高车占据要道，正确。

④ ……　马 7 进 6

⑤ 炮三平五（红优）

第 309 题

① 马三进四　车 8 平 3

黑方如炮 6 进 5，则马四进二，车 7 进 2，炮八退二，车 7 平 3，车七退一，象 5 进 3，仕五进四，黑方丢子。

② 马四进五

红方先弃后取，争先之着。

② ……　　　　车 3 退 1

③ 马五进三　　马 8 进 7

④ 车四进五　　将 6 平 5

⑤ 车四平三（红优）

第 310 题

① 车五平九

红方弃车好棋，准备利用先弃后取战术谋子得势。

① ……　　　　车 1 退 6

② 炮五进四　　车 1 平 5

③ 车二平五　　车 6 进 3

④ 车五平八　　车 6 平 5

⑤ 车八退六（红优）

第 311 题

① 马三退四

红方退马实施先弃后取战术，谋得进攻机会。

① ……　　　　车 8 平 3

黑方吃马接受挑战，稳健的选择是车 8 退 5，则马四进五，卒 7 进 1，车四进二，红方稍好，但局面较为平稳。

② 马四进五　　炮 5 进 5

③ 相三进五　　前车进 1

④ 车八进二　　炮 5 进 1

⑤ 车八平七（红方优势）

第 312 题

① 炮九进一

红方运用先弃后取战术打开局面。

① ……　　　　炮 5 平 1

黑方如改走车 4 退 4，则车八进七，将 4 进 1，车四进一，炮 5 进 1，炮九平三，红方得车。

② 车八进七　　象 5 退 3

③ 车四平九　　马 7 退 5

④ 车九平五　　将 4 平 5

⑤ 车八平九

黑方子力受制，红方占优。

第 313 题

① 马七进五

红马舍身而上，是深谋远虑的好棋。

① ……　　　　车 3 平 5

② 炮二平五

红方平炮打象进行闪击是弃马的后续手段。

② ……　　　　车 8 进 9

③ 炮五退四　　炮 7 平 5

④ 炮五进四　　象 3 进 5

⑤ 车一退一

红方先弃后取的计划得以实现，大占优势。

第314题

① 炮八平三

红方弃车打炮计划先弃后取，着法强劲有力。

① ……　　　车 2 进 4

② 马三进五　象 7 进 5

③ 车四进三

红方进车叫杀，为谋回失子做准备。

③ ……　　　士 5 进 6

④ 炮三进二　士 6 进 5

⑤ 炮三平九（红优）

第315题

① 车七进九

红方实施先弃后取战术，破坏黑方防线。

① ……　　　象 5 退 3

② 炮八平一

红方先弃后取，得象占优！

② ……　　　炮 6 平 9

③ 炮一退四　炮 9 进 5

④ 车三退一　象 3 进 5

⑤ 车三平一（红优）

第316题

① 马六进五

红方进马捉车，准备利用先弃后取战术谋子得势。

① ……　　　马 3 进 4

② 马五退七　马 4 退 2

③ 车七退二

红方退车捉双，化解黑方得回失子的计划。

③ ……　　　马 5 进 3

黑方如改走卒 2 平 3，则车七平五，将 5 平 6，车五平八，红方再次得子，胜势。

④ 马七进六　将 5 退 1

⑤ 车七平八（红优）

第317题

① 炮三平二

红方准备利用抽吃战术谋子，作为红方战术组合的发起点。

① ……　　　车 6 平 8

② 车三进二　士 5 退 6

③ 车三退一　车 8 退 1

④ 马二进四　炮 2 平 6

⑤ 车三平四（红优）

第318题

① 马二进三

红方利用先弃后取战术，迫使黑马离开防守位置，为后续展开进攻创造条件。

① ……　　　马 9 进 7

黑方如改走炮 4 平 6，则马三进一，炮 8 退 1，车八平二，红方优势。

② 马四进二

红方进马奔卧槽，是先弃后取

战术中的续着。

② ……　　　炮 4 退 3

黑方如改走马 7 退 6，则炮一进六，马 6 退 8，马二进三，将 5 平 4，车八平六，士 5 进 4，车六进一，绝杀。

③ 车八平三　　炮 8 平 7

④ 车三平七　　马 3 退 1

⑤ 车七平五（红优）

第 319 题

① 车八退四

红方退车捉马，利用先弃后取战术建立优势。

① ……　　　马 4 进 3

② 前炮平九　　象 5 退 3

③ 炮九进一

红方利用天地炮的控制作用，迅速扩大优势。

③ ……　　　车 9 进 1

④ 车八平五　　将 5 平 6

⑤ 炮五平四　　马 6 进 5

黑方只好弃还一马解杀。

⑥ 车五进一（红优）

第 320 题

① 车七平六

红方弃车砍炮，准备运用先弃后取战术谋子。

① ……　　　车 4 退 4

② 马二进三　　将 5 平 6

③ 车二平四　　士 5 进 6

④ 车四进四　　车 4 平 6

⑤ 车四进一　　将 6 进 1

⑥ 马三进一（红方胜势）

第 321 题

① 炮八进六

红方准备利用先弃后取战术，扩大先手。

① ……　　　车 4 进 1

② 车七进五　　车 4 退 1

③ 车七平六　　将 5 平 4

④ 马六退四

红方退马抽车，交换之后虽然双方子力相当，但红方子力结构占优。

④ ……　　　将 4 平 5

⑤ 马四进五　　马 7 进 5

⑥ 相三退五（红方主动）

第 322 题

① 车三平四

红方利用先弃后取战术，缓解黑方的攻势。

① ……　　　士 5 进 6

② 炮三平四

红方平炮将军的同时守护肋线。

② ……　　　士 6 退 5

③ 车二进九　　炮 5 进 4

④ 帅五平四　　车 2 退 5

⑤ 车二平三　　将 6 进 1

⑥炮五平七（红优）

第323题

①炮七进三

红方利用先弃后取战术消除车马受攻的困境，又有车六进二吃炮的手段。

①……　　　　象5进3

黑方如车8退1捉马，则炮七进二，红方有攻势。

②炮三进三　马1退3

黑方无奈弃还一马，如改走象3退5，则炮三平五，卒5进1，马三退四，车8平6，车三进一，红优。

③炮三进二　炮1进8

④相七进九　车8平4

⑤马三退四　车4进4

⑥马四进五（红优）

第324题

①车三平四

红方弃车吃炮，利用先弃后取战术为中马卧槽创造条件。

①……　　　　车6退7

②马五进七　炮6平8

黑方平炮是顽强的防守手段，如改走车6进8，则仕五退四，炮6进1，车六平五，将5平6，车五进一，绝杀。

③炮五平四

红方平炮控制肋道，正着! 如车六平五，则将5平6，黑方底线有8路炮的守护，红方无杀，黑优。

③……　　　　车6平7

黑方不能车6进5吃炮，否则车六退五，将5平6，车六平四，士5进6，车四进四，绝杀。

④车六退三　将5平6

⑤车六平四　车7平6

⑥炮四进五（红方胜势）

第325题

①车八进四

红方弃车把黑车从肋线引离，先弃后取，为谋子创造条件。

①……　　　　车4平2

②马五进四　将5平4

③车三平六　炮7平4

④炮九平六　炮4退3

⑤车六平八　士5进4

⑥车八进一

以下黑方如炮4进6，则车八平六捉双，士6进5，车六退三，红优。

第326题

①马八进六

红方进马抢攻，利用先弃后取战术扩大优势。

①……　　　　车1平4

165

黑方如改走炮8进7，则马六进七，将5平4，车八进六，士5进4（如车8进1，则炮八进一，士5进4，炮五平六，马3进4，炮八平二，红方大优），炮五平六，炮1平4，车八平六，士6进5，炮八平六，炮4平6，车六平九，红方可以先手吃车。

② 马六进七　车4进1

③ 车二进五　车4平3

④ 马三进五

红方进马算度精准，盘活全局的好棋。

④ ……　　卒7平6

⑤ 炮五平七　马3进2

⑥ 车二进二

红方进车吃炮形成得子之势。以下黑方无论是车8进2兑车或车8平9避兑，红方都可以获得优势。

第327题

① 马七进五

红方弃马攻击黑方中路，利用先弃后取战术为后续进攻抢造条件。

① ……　　　　马6退4

黑方如改走马6进5，则车二平五，士6进5，车五退一，马5进7，马六进七，将5平6，炮五平四，红方胜势。

② 车二平五　士6进5

黑方如车6平5，则炮五进四，象7进5，马五进四，马4进5，马四进二，下一着马二进三绝杀。

③ 车五退一　马4进2

④ 马五进六　将5平6

⑤ 炮五平四　将6平5

⑥ 马六进八（红优）

第328题

① 炮六进五

红方进炮攻击边马的同时，憋住黑方3路马腿，使中卒失去保护，这是红方运用先弃后取战术的主要目的。

① ……　　　　士5进4

黑方如马9进7，则炮五进四，炮5平6，马八进七，炮8退1，炮六退四，炮6退1，炮五平二，车8退3，兵三进一，红方得子。

② 车四进四　将5进1

③ 车四退一　将5退1

④ 炮五进四　象5进7

⑤ 兵三进一

以下黑方逃8路炮，红方可以马八进六谋子，红方大优。

⑤ ……　　　　炮5退1

⑥ 兵三平二（红优）

抽将、抽吃战术

第 329 题

① 炮九进二　将 6 退 1

② 炮九平三（红优）

第 330 题

① 车二退四　车 9 退 5

② 车二平七（红优）

第 331 题

① 马五进三　士 6 进 5

② 马三进二（红优）

第 332 题

① 炮八退三　士 5 退 4

② 炮八平一　车 5 退 3

③ 炮一进三（红优）

第 333 题

① 车二平四　将 4 进 1

② 车四退一　将 4 退 1

③ 车四平九（红优）

第 334 题

① 炮五退二　车 5 进 1

② 车二退二　马 6 进 8

③ 车二进一（红优）

第 335 题

① 炮一平八

红方弃车作杀，迫使黑士离位解杀，为运用抽吃战术创造条件。

①　……　　　士 5 进 4

黑方如将 5 平 6，则车二平四，士 5 进 6，车四进一，红方下一着再车四平五，同样可抽吃黑方中炮。

② 车二平五　将 5 平 6

③ 车五退一（红优）

第 336 题

① 炮二平五　将 5 平 4

② 炮五平六　将 4 平 5

③ 炮六进四（红优）

第 337 题

① 炮四退一　士 5 退 4

② 炮四退五　士 4 进 5

③ 炮四平七（红优）

第 338 题

① 炮九进一　将 5 平 4

黑方如改走将 5 进 1，则车八退一，将 5 进 1，马八退六，红方抽车。

② 车八平七　将 4 进 1

③ 车七退二（红优）

第 339 题

① 炮一退二　马 7 进 5

黑方如车 8 退 1，则车六平五，绝杀。

② 马六进四　将 5 退 1

③ 车六进四（红优）

第 340 题

① 车五平六　马 3 进 4

② 马五进六　炮 1 平 4

③ 马六退八（红优）

第 341 题

① 炮九退一　将 5 进 1

② 车四平五　士 4 退 5

③ 车五退一　将 5 平 4

④ 车五退六（红方胜势）

第 342 题

① 马一进二

红方进马作杀，逼迫黑方弃车吃炮，为运用抽吃战术谋子创造条件。

① ……　　　车 5 退 2

② 车三平四　士 5 退 6

③ 马二退四　将 5 进 1

④ 马四退五（红方胜势）

第 343 题

① 车七进九　将 5 平 6

② 车七平六　将 6 进 1

③ 炮八平二　马 7 退 8

④ 车六平二（红方胜势）

第 344 题

① 车四进七

红方弃车杀炮，以后可以利用抽吃战术得回失子。

① ……　　　士 5 进 6

② 车三进三　将 5 进 1

③ 车三退一　将 5 退 1

④ 车三平六（红优）

第 345 题

① 炮六退一　炮 3 进 1

② 车六平五　将 5 平 6

③ 车五平四　将 6 平 5

④ 车四退三（红方胜势）

第 346 题

① 炮八进三　士 5 退 4

黑方如象 3 进 1，则车七进三，士 5 退 4，车七退六抽车。

② 炮三平五　象 5 进 3

③ 炮五退三　象 3 退 5

④ 车七进三（红方胜势）

第 347 题

① 炮五平八　士 5 退 4

② 炮八进四　将 4 退 1

③ 炮八进一　象 3 进 5

④ 炮八平四（红方胜势）

第 348 题

① 车九进一　士 5 退 4

② 炮七进三　士 4 进 5

③ 炮七平三　士 5 退 4

④ 炮二进二（红胜）

第 349 题

① 车四退四

红方退车准备利用抽吃战术谋

子扩先。

①……　车3退1

②车四平六　马2退4

③车六平七　马4进2

④车七进二（红优）

第350题

①前马进八　卒7进1

②马八进七　将5平6

③相一进三　车8平6

④前马进九（红优）

第351题

①车五平九　马5进6

黑方如改走象7进5（如马7进5，则马四进二作杀，黑方无解），则马四进六，马7进8，马六进八，车4平2，车九平二，红方大优。

②车九平五　士4进5

黑方如马6退5，则相七退九，车4平9，兵九进一，炮2平4，马四进六，马7进6，炮五平八，红方攻势猛烈。

③车五平四　将5平4

④车四平八（红优）

第352题

①车三平五　士6进5

②马六进七　将5平6

③炮五平四　车6进6

④仕五进四（红方胜势）

第353题

①马八进七　士4进5

②马七退五　士5进6

③马五进六　将6平5

④马六退七

以下红方伏有炮八退一的手段，红优。

第354题

①车八进五　士5退4

②车八退三　炮3退2

③车八平七　马5退6

④马六进四（红优）

第355题

①马二进三　炮5平6

②车六平四

红方利用抽吃战术谋得一子，并伏有车四平六的杀棋。

②……　士4进5

③车四进一

红方利用双将引离黑将，为重炮作杀创造条件。

③……　将5平6

④炮四退六

红方下一着炮五平四，绝杀。

第356题

①马五进七

红方进马作杀，同时使黑车暴露出来，为后续抽吃得子创造条件。

169

① ……　　　炮5平3

② 车七退二　炮4进1

③ 车七进二　炮4退1

④ 车七退三　炮4进1

⑤ 车七平二（红方胜势）

第357题

① 车二平四　车7平6

黑方如将6平5，则马四进六，黑方无法解杀。

② 车四进二　将6进1

③ 炮五平四　士5进6

④ 马四退六　将6平5

⑤ 马六退五（红方胜势）

第358题

① 马四进三　将5平4

② 炮五平六

红方先占肋炮紧凑。如先走车八平六，则炮3平4，炮五平六，士5进4，红方虽然也能得子，但是攻势被延缓。

② ……　　　将4进1

③ 车八平六　士5进4

④ 车六平二　炮3平4

⑤ 车二退三（红方胜势）

第359题

① 炮八进三　士5退6

② 车七退四　士4进5

③ 车七进四　士5退4

④ 车七退二　士4进5

⑤ 车七平五（红优）

第360题

① 车七进九　士5退4

② 车七退二　象5退3

③ 车七进二

红方如改走车七平九吃炮，黑方可以马7退5，红方攻势被延缓。

③ ……　　　马7进6

④ 车七退二　将5进1

⑤ 车七平九（红优）

第361题

① 车八进二　士5退4

② 马四进五　士6进5

③ 车八退三　车3退9

④ 马五退七　车8进3

⑤ 车八平二（红优）

第362题

① 车二进一

红方利用抽将战术，为中马攻击创造条件。

① ……　　　士5退4

② 马五进四　将4平5

③ 马四退二　将5进1

④ 车二平五　士4进5

⑤ 车五退一（红胜）

第363题

① 炮二平四

红方平炮打士以后，准备利用抽吃战术扩大优势。

170

① …… 士6退5

② 炮四退六　炮6退1

③ 车三平四

红方弃还一子后，相当于一车换双，继续保持对黑方的进攻压力。

③ …… 士5退6

④ 马七进五　车3进2

⑤ 马五进七（红优）

第364题

① 车七平三

红方平车给九路炮腾挪位置，又配合二路底炮，伏有杀象的抽吃战术。

① …… 马3进4

② 车三进三　车1退3

③ 车三退三

红方运用抽吃战术简化局面，发挥多兵的优势。

③ …… 马6进7

④ 车三平九　马7退8

⑤ 车九平一（红优）

第365题

① 车九进三　士5退4

② 炮八进二

红方沉底炮，利用车炮抽吃战术扩大优势。

② …… 士4进5

黑方如象5退3，则车九退六，

马8进7，车九进三，红方优势。

③ 炮八平四　象5退3

④ 炮四平二　象7进5

⑤ 马三进五

以下黑方无论是炮5退4交换，还是车4退3，红方都可以取得胜势。

第366题

① 车六进二

红方进车捉双，简明有力。

① …… 马8进7

黑方如改走炮3平6，则车六平八，马8进7，后炮平六，炮4平8，车八平六，士5进4，车六进二，将4平5，车六平五，炮6平5，车五平七，红方得车胜势。

② 后炮平六

红方利用抽吃战术，为谋子创造条件。

② …… 马7退5

③ 车六进二　炮3平4

④ 车六退四

红方不能车六退二，否则马2退4打车，黑方占优。

④ …… 马5进4

⑤ 车六退一（红优）

第367题

① 炮九进三

红方沉底炮，伏有车七退四抽

车的手段。

① ……　　　车8平2

② 马七进六　车2退3

③ 炮五进四　炮5进3

④ 相三进五　炮6平4

⑤ 车七退一

红方借用抽将战术，先手占据下二路线，控制黑将。

⑤ ……　　　车2退1

⑥ 炮五退一

红方伏有马六进四的杀棋，黑方无解，红方胜定。

第368题

① 马五退三

红方退马抽将，为得回失子创造机会。

① ……　　　炮2平5

② 马三进五　车2进5

③ 马九退八　车8平7

④ 炮七进五　士6进5

⑤ 炮五平三　马7退9

⑥ 马八进七（红方主动）

第369题

① 炮九进三

红方沉底炮，准备利用抽吃战术谋子。

① ……　　　士5退4

黑方如改走象3进1，则车八进七，象1退3，车八平七，士5

退4，车四进三，将5进1，车七退一，将5进1，车七退一，将5退1，车四退一，绝杀。

② 车四进三　将5进1

③ 车八进六　将5进1

④ 车八退一　将5退1

⑤ 车四退一

红方不急于得子，借叫将的先手调整车位，紧凑。

⑤ ……　　　将5退1

⑥ 车八平二（红方胜势）

第370题

① 马七进八　将5进1

② 炮九退一　炮4退1

③ 前马退六

红方献马将军，先手调整马位，为利用抽吃战术谋子创造条件。

③ ……　　　将5退1

黑方如将5进1，则马八退六，绝杀。

④ 马六退四　将5进1

⑤ 马八进七　炮4进1

⑥ 炮九平六（红优）

第371题

① 车三进九　士5退6

② 马四进三　车9平7

黑方如改走将5进1，则前炮退一，车9平8，炮二进六，马后炮杀。

③ 车三退一　士6进5

④ 车三进一　士5退6

⑤ 车三退六　士6进5

⑥ 车三平七（红方胜势）

第372题

① 炮五进四　士5退6

② 炮五平九　士4进5

③ 车四进一

红方准备再次利用抽吃战术扩大优势。

③ ……　　　卒3平4

④ 车四平八　将5平4

⑤ 车八进四　将4进1

⑥ 车五平八（红优）

拦截战术

第373题

① 马六进四　士5进6

黑方如车3平4保马，则马四进三，绝杀。

② 车七平六（红优）

第374题

① 炮五退二

红方退中炮拦截黑马，正着！如改走车四进一吃马，则马5进3抽车，红方败势。

① ……　　　车9平8

② 帅四平五（红方得子大优）

第375题

① 兵五平六

红方拦车解杀的同时，为车八进三后双车夺士赢得时间。

① ……　　　车4平1

② 车八进三　将5平4

③ 炮九进二

红方进炮拦车的同时伏有炮九平五的先手，红方胜定。

第376题

① 车六进一

红方进车拦截，切断黑炮向左翼协防的通道。

① ……　　　车1平2

② 炮六平三　车2进4

③ 炮三进七（红胜）

第377题

① 炮七平六

红方平炮拦截，抢夺先手的关键。

① ……　　　马4退3

② 车八平七　马3退1

③ 车一平四

红方利用双炮把黑方双车拦截在后方的同时，己方双车占据要道，红方占优。

第378题

① 车三进二

红方进车拦截，伏有马九进七

173

作杀的手段。

① …… 士 5 进 6

② 车三平一 士 6 进 5

③ 车一平四（红优）

第 379 题

① 车二进四

红方进车实施拦截战术，使得黑方前马失去防守能力。

① …… 士 5 进 6

② 马四进六 车 3 退 2

③ 马六退五（红优）

第 380 题

① 炮五退一

红方退炮拦截，是争先的好棋。

① …… 炮 8 退 4

② 炮五进五

红方利用闪击战术解决左翼子力不通畅的问题。

② …… 马 3 进 5

③ 车一平八 马 5 进 6

④ 仕六进五（红优）

第 381 题

① 相一进三 炮 9 平 8

② 车七平二 马 3 进 1

③ 炮八平九 炮 8 平 9

④ 车一进一（红优）

第 382 题

① 马三退二

红方退马利用拦截战术，阻断

黑车回防的线路。

① …… 炮 6 平 4

② 炮一进二 象 5 退 7

③ 马二进三 炮 4 平 7

④ 炮三进三（红胜）

第 383 题

① 相五进七

红方飞相拦截，在防止黑方车 4 平 2 兑车的同时，又拆掉了黑方的炮架。

① …… 炮 2 进 1

黑方进炮简化局面，延缓红方的攻势。

② 炮三平八 马 1 进 2

③ 车八进六 车 4 退 5

④ 车八退八（红优）

第 384 题

① 炮七平四

红方平炮拦截，阻止黑车右移防守，同时还伏有车八进四，将 4 进 1，炮四进三的杀棋。

① …… 士 5 进 6

② 马五进七 马 9 退 7

③ 车八平六 炮 3 平 4

④ 马七进八（红优）

第 385 题

① 马七进五 炮 8 进 1

② 车七进二

红方前面这两着棋都是为了截

断黑方子力对右翼的支援。

② ······　　　炮 8 平 6

③ 炮五平八

红方闪炮准备车炮配合攻击黑方底线，要比单纯的炮五进五打象更直观。

③ ······　　　将 5 平 6

④ 炮八进七　　象 5 退 3

⑤ 车七进三

下一着车九平八，红方胜势。

第 386 题

① 炮七进二

红方进炮实施拦截战术，是谋子的关键。

① ······　　　车 8 平 7

② 车二进一　　后车进 2

③ 相五进三　　马 7 进 8

④ 相三退五　　炮 4 平 1

⑤ 车九退一（红优）

第 387 题

① 炮五平八

红方弃炮实施拦截战术，防止黑方炮 2 进 7 沉底对攻。

① ······　　　车 6 退 2

黑方如车 6 平 2，则马三进二，炮 2 平 5，仕四进五，士 5 进 4，马二进三，将 6 平 5，车九平七，红方大优。

② 车三退三　　象 3 进 5

③ 车九平八

红方兑炮是打开局面的好棋。

③ ······　　　炮 2 进 6

④ 车八退一　　将 6 退 1

⑤ 车八进七

黑马被捉死，红优。

第 388 题

① 兵四平三

红方平兵拦截，正确。保持三路车平六的机会。

① ······　　　车 7 平 6

黑方如改走炮 8 进 2，则炮八平四，士 6 进 5，炮四平五，车 7 平 6，车三平四，车 6 退 3，车四进六，士 5 进 6，兵三平二，将 6 进 1，车四平二，红优。

② 车四进三　　车 9 平 6

③ 炮八平四　　士 6 退 5

④ 炮五平四　　车 6 退 2

⑤ 兵三平四（红优）

第 389 题

① 炮二退四

红方退炮拦截，伏有炮二平四连杀的手段。

① ······　　　炮 9 退 1

② 炮二平四　　炮 9 平 6

黑方如士 6 退 5，则炮五平四绝杀。

③ 兵五平四　　卒 3 平 4

④ 兵四平五　　士6退5

⑤ 炮五平四（红胜）

第390题

① 炮四退二

红方退炮使用拦截战术，使黑方7路象不能回中路进行防守。

① ……　　　将4退1

② 帅五进一

红方进帅等着，迫使黑将升上宫顶，为以后重炮杀创造条件。

② ……　　　将4进1

③ 炮二退四　　象9退7

④ 炮二平六　　象7退9

⑤ 炮四平六（红胜）

第391题

① 车三平四　　马6退7

② 车四平二

红方先逼退黑方河口马再平车拦炮，次序井然。

② ……　　　炮8进2

③ 炮一进四　　炮7退2

④ 炮一平九

红方连续谋卒，扩大先手。

④ ……　　　马2进1

⑤ 炮九平八（红优）

第392题

① 兵七进一

红方进兵捉炮，截断黑方车炮之间的联络，准备出帅助攻。

① ……　　　炮4平5

② 帅五平六　　将5平6

③ 炮三平四

红方平炮瞄将，车马炮三子联合进攻，黑方已经难以应付。

③ ……　　　车2退4

④ 马七退八　　车2进2

黑方如车2平5，则炮八进一，炮5进1，车六退二，红方胜势。

⑤ 车六平八（红优）

第393题

① 相五进七

红方飞相截断黑方车马之间的联络。

① ……　　　马1进2

② 炮六进一　　士5进4

③ 炮六平五　　将5平4

④ 马六进四　　士6进5

⑤ 马四进三　　车3平5

⑥ 炮五进五

接下来炮五平八，红方胜势。

第394题

① 马三进二　　车4平2

② 相五进七

红方飞相拦截黑马，伏有马二进三再车七平六的杀棋。

② ……　　　马3退5

③ 马二进三　　将5平4

④ 车七平六　　马5退4

176

⑤车六进一　士5进4

⑥车六进一（红胜）

第 395 题

①车五平八

红方平车拦截，一着两用。既防守黑方马后炮的杀棋，又伏有退车捉马的手段。

①……　　　马1进3

②帅五进一　炮2平3

③后炮退一　马3进1

黑方如改走炮9进2，则后炮平七，炮9平3，马七进八，车4平8，马三进五，红方接下来可马五进四，攻势猛烈，黑方局面亏损更大。

④车八退六　车4平3

⑤车八平九　车3进3

⑥马三进五（红方占优）

第 396 题

①炮三进一

红方进炮截断黑方9路炮与3路车的联系，伏有后车进四兑车抢先的手段。

①……　　　车3进1

②车八进四　车4退5

③炮三平六　炮9平4

④马七进五　象7进5

⑤兵七进一　车3进1

⑥炮七平四

伏有前车平六的攻击手段，红方大优。

第 397 题

①车五平八

红方平车拦截，防止黑炮沉底作杀。

①……　　　炮6平9

黑方平炮继续寻求边路突破。

②兵三进一　炮9进3

③兵三进一　炮9进1

④炮五平四

红方再次运用拦截战术，准备兵三平四靠到肋线。

④……　　　车6平7

⑤车三进一　车8平7

⑥兵三平四

以后红方伏有车八平二作杀的手段，红方虽然少子，但是攻势强大，占据优势。

第 398 题

①兵七平六　将5平4

黑方如改走将5平6，则兵六平五，将6进1，炮九进二，红胜。

②炮五平二

红方平炮运用拦截战术为进攻赢得时间。

②……　　　车8进1

③兵五进一　车8进7

④帅六进一　车9平5

177

⑤兵八平七　将4平5

⑥炮九进三（红胜）

第399题

①炮四平六

红方平炮拦车，为运车赢得时间。

①……　　　将5进1

黑方如改走车4进1，则车四进二，将5进1，车四退一，红方下一着可车四平六吃车。

②车四进一　将5进1

③车四退三

红方进车将军，再退车到卒林，利用顿挫战术扩大优势。

③……　　　炮9退6

黑方如改走车4平8，则车四平五，将5平4，帅四平五，红方胜定。

④车四平五　将5平4

⑤炮六退八　车4平3

⑥帅四平五（红方胜定）

第400题

①车一平四

红方弃车的作用在于拦截黑马，不让黑马参与到防守中来。

①……　　　炮6退3

②马七进五　士4退5

黑方如将6平5，则炮七平五，士4退5，车八进一，红胜。

③车八进一　将6进1

④马五退三　将6进1

⑤马三退五

红方马退中路将军，是首回合车一平四拦截黑马的续着。

⑤……　　　将6退1

⑥炮七进四

以下黑方无论是士5退4或是士5退6，红方均走马五进六再炮七退一，绝杀。

顿挫战术

第401题

①车六平四　士4进5

②车四平五　将5平4

③车三平四（红胜）

第402题

①车三退一　士5进4

②车三退三　车4平6

红方连续运用顿挫战术作杀，迫使黑车守在肋线上。

③相三进五

红方子力位置好，形势占优。

第403题

①炮六进七　象5退3

②炮六退三　象3进5

③炮六平八（红方胜定）

第 404 题

① 炮五平四

红方平炮将军，利用顿挫战术调整炮位，为作杀创造条件。

① ……　　　炮 5 平 6

② 前炮平六　炮 6 平 5

③ 炮六进四（红胜）

第 405 题

① 车一平四　将 6 平 5

② 车四平七　卒 5 平 4

③ 车七进二　将 5 退 1

④ 兵六进一（红方胜势）

第 406 题

① 车五平四　士 5 进 6

② 车四平三　将 6 平 5

红方利用顿挫战术，把黑将逼入宫心，为作杀创造条件。黑方如改走士 6 退 5，车三进二，将 6 退 1，马五进四，马后炮杀。

③ 车三进二　将 5 退 1

④ 马五进四（红胜）

第 407 题

① 车八进三　士 5 退 4

② 车八退一

红方利用顿挫战术，控制黑方 4 路炮，为谋子做准备。

② ……　　　车 1 平 4

③ 炮二退二　车 4 退 1

④ 马四进三　炮 4 平 6

⑤ 车八平四（红方胜势）

第 408 题

① 炮五退一　车 1 进 1

② 炮五进四

红方利用顿挫战术把黑车驱赶到位置较差的下二路。

② ……　　　马 3 进 4

③ 炮五退一　卒 7 进 1

④ 车四进二　马 8 进 7

⑤ 帅五平四（红优）

第 409 题

① 车八进五　将 5 进 1

② 车八退一　将 5 退 1

③ 车八平二

红方利用顿挫战术，先手把左车右调，为谋子创造条件。

③ ……　　　炮 9 平 8

④ 炮二进三　马 8 进 7

⑤ 兵五进一（红优）

第 410 题

① 车八退一　炮 3 退 1

② 车八进二　将 5 进 1

③ 车八退一

红方运用顿挫战术把黑炮"粘"在下二路线上，为得子创造条件。

③ ……　　　炮 3 平 4

④ 炮七平六　将 5 平 6

⑤ 炮六进二（红优）

第 411 题

① 车七平八　炮 2 平 3

② 车八平五

红方利用顿挫战术打通黑方卒林线，为谋子创造条件。

② ……　　　炮 3 平 2

③ 车五平八　炮 6 退 1

黑方如炮 2 平 3，则车八平九，炮 3 平 2，炮一进四，这是红方打通卒林线的续着。

④ 兵六平五　士 4 进 5

⑤ 车八退三（红优）

第 412 题

① 车七进二　车 4 退 6

② 车七退二

红方利用顿挫战术赚取黑象，优势进一步扩大。

② ……　　　车 4 进 2

③ 车七平六　士 5 进 4

④ 车二退一　马 5 退 4

⑤ 车二平六（红优）

第 413 题

① 炮一退一　马 8 进 6

② 炮一退一

红方运用顿挫战术，逐步推进。

② ……　　　马 6 进 8

黑方如炮 5 进 1，则炮一平七，下一着炮九平八，红方有杀棋。

③ 车八平七　马 3 退 1

④ 炮一平五　炮 5 退 4

⑤ 车七平九（红优）

第 414 题

① 炮五平八　车 1 平 2

② 炮八平二

红方利用顿挫战术，成功兑掉黑方右车，造成黑方右翼防守空虚。

② ……　　　车 2 进 9

③ 马九退八　炮 8 平 9

④ 炮二平九

红方再平炮左翼，准备形成四子归边的攻击态势。

④ ……　　　车 8 进 3

⑤ 炮九进五　卒 5 进 1

⑥ 炮九进三（红优）

第 415 题

① 车二进三　士 5 退 6

② 车二退六

红方运用顿挫战术，调整子力位置。

② ……　　　炮 5 平 7

③ 炮一进三　将 5 进 1

④ 车二进五　将 5 进 1

⑤ 车二平六　士 6 退 5

⑥ 车六退二

伏有马五进七抽车的攻击手段，红方大优。

第 416 题

① 炮一平四　车 6 平 9

180

②炮四平七

红方连续运用顿挫战术，先手把炮调运到七路线上。

②……　　　车9平6

③车四进七

红方进车引离黑炮，为下一步实施车双炮作杀做准备。

③……　　　炮2平6

④炮七进五　士4进5

⑤炮八进五　将6进1

⑥车一进八（红胜）

第417题

①炮一平四　车6平7

②炮四平七

红方运用顿挫战术，先手把炮调到左翼，为双炮作杀创造条件。

②……　　　车7平6

③车四进七　炮2平6

④炮八进五　士4进5

⑤炮七进五　将6进1

⑥车一进八（红胜）

第418题

①车二进三　士5退6

②车二退一

红方二路车利用顿挫战术连续将军，塞住象眼。

②……　　　士6进5

③车三进九　士5退6

④车三退一

红方利用抽将调整双车的位置。

④……　　　士6进5

⑤车二进一　士5退6

⑥车三平五（红方胜定）

第419题

①车八进三　将4进1

②车八退一

红方利用顿挫战术控制宫顶线，为马炮联合作杀创造条件。

②……　　　将4退1

③炮二退一　士5进6

黑方如将4退1，则车八进二，象5退3，车八平七，红胜。

④马二进三　士6进5

⑤车八平六　将4进1

⑥马三退四（红胜）

第420题

①兵七平六　马2退4

黑方如将5平4，则车八退一，将4进1，车八退一，将4退1，车八进一，将4进1，车一平六，绝杀。

②车一进六　将5退1

③炮七进七　士4进5

④炮七退一

红方利用顿挫战术控制黑方下二路线，为后续作杀创造条件。

④……　　　士5退4

⑤车一平五　炮5退2

⑥炮七进一（红胜）

消除防卫（破士象、去根）战术

第 421 题

①车五平四

红方平车邀兑，利用消除防卫战术破除黑马的保护。

①……　　　车 6 平 9

②炮七平四（红优）

第 422 题

①炮六进七

红方兑炮消除黑方 7 路马的保护子，为谋子创造条件。

①……　　　士 5 进 4

②马二进三（红方胜势）

第 423 题

①炮六平四

红方平炮将军，利用消除防卫战术，迫使黑方担子炮中的前炮脱根。

①……　　　后炮平 6

黑方如将 6 平 5，则仕六退五，黑马同样无处可逃。

②炮四进六　　士 5 进 6

③马三进一（红优）

第 424 题

①马五进六　　马 6 退 8

②马六进五　　象 3 进 5

③马四进五

下一着红方马炮可双将成杀。

第 425 题

①车六进一

红方进车运用消除防卫战术对黑方 3 路马形成围攻，在局部形成以多打少之势。

①……　　　车 6 平 7

黑方如车 6 进 3，则车六进二，马 3 退 4，马七进六，绝杀。

②炮七进五　　马 5 进 3

黑方如车 7 平 4，则马七进六，红胜。

③车六平三（红方大优）

第 426 题

①马六进五　　象 3 进 5

②马四进五　　车 6 进 2

③车三平五（红优）

第 427 题

①车八平三　　车 8 进 3

②车四进一　　车 8 平 7

③炮三进四（红优）

第 428 题

①炮四平二　　马 1 进 3

②炮二进七　　马 3 进 2

③帅五平四　　士 5 进 6

黑方如改走将 5 平 4，则车四进一，将 4 进 1，车四平七，红优。

④车四退一（红优）

第429题

①马六进五　象7进5

黑方如改走马5进3，则马五退七，士5进6，车九平八，车4退1，车八进二，红方大优。

②车九平五　将5平4

③车五平八　炮2平3

④兵四进一（红优）

第430题

①炮九进四　马6进7

②炮九平六　前马退9

③炮六退二　马7进6

④炮六平四（红优）

第431题

①炮七平八　车2平1

②车八平七　炮5平8

③车七进二　炮8进2

④车七退一（红优）

第432题

①炮二平五　象3进5

②马七进五　炮5平6

③马五进七　炮6平4

④车六进三（红优）

第433题

①马四进五　象3进5

②炮八平五　将5平6

③车一平四　士5进6

④前炮平九（红优）

第434题

①马七进六

红方进马叫闷宫，为攻破黑方防线创造条件。

①……　　　士5进4

②车八平七　车9平7

③车七退三　将5进1

④炮九退一　将5退1

⑤车七平二

以下黑方如续走卒7平8，则车二退二，马8退9，炮九进一，红方优势。

第435题

①炮七进七

红方炮打底象，利用先弃后取战术，消除黑方防守力量。

①……　　　车1平3

黑方如改走马5进3，则炮七平四，士5退6，车八进三，车1平4，马三进五，炮5进3，相七进五，车8退2，车四平一，红方大优。

②马六进五　车8进3

③马三退四　炮5退2

④炮五进五　士5退4

⑤车八进三

以后红方可以通过炮五平四，再炮四退五转攻黑方中路，红方大优。

第 436 题

① 马五进四　车 7 退 5

黑方如改走炮 7 平 6，则马四进五，象 7 进 5，马六进五，炮 2 平 4，炮八进七，马 4 进 5，车七进三，下一着再炮八平六，红方胜势。

② 马六进五　象 7 进 5

③ 马四进五　马 4 进 3

④ 马五进七　将 5 平 4

⑤ 炮五平六（红优）

第 437 题

① 马四进五　车 5 退 3

黑方如改走象 7 进 5，则车六进三，炮 4 进 2，车七平五，红方借闷宫的杀势抽车。

② 马五进六　马 3 进 2

黑方如改走炮 4 进 2，则车七退二，炮 4 平 5，炮三平五，炮 5 进 2，车六进一，炮 5 退 1，车六平九，车 1 平 4，车九进三，黑方子力被封锁，红方优势。

③ 车七退四　炮 4 退 1

黑方如改走炮 4 进 2，则车六进三，车 1 平 4，车六退五，以后红方还有炮三平五或兵三平四等封锁手段，红优。

④ 兵六进一　车 5 平 4

⑤ 马六进四　车 4 平 6

黑方如改走炮 4 进 6，则马四进三，将 5 平 4，炮三进三，将 4 进 1，车七进五，绝杀。

⑥ 兵三平四（红优）

第 438 题

① 兵五进一　象 3 进 5

② 车五进四　炮 1 退 1

③ 车八进六

红方沉底车是一兵破双象的后续手段。黑方失去双象后防线已经破碎，底线弱点成为红方进攻的目标。

③ ……　　车 7 进 1

④ 炮六进六　车 7 进 2

⑤ 炮六平七　将 5 平 6

⑥ 马四进五

红方弃马伏有车八平六的杀棋，红方大优。

第 439 题

① 后车进四

红方弃车砍炮，暴露出黑方中路的弱点，为炮打中象创造条件。

① ……　　车 5 平 4

② 炮五进五　将 5 平 6

黑方如士 5 退 6，则马三进五，车 4 平 8，车六退一，象 3 进 5，车六平五，士 4 进 5（如马 7 退 5，则车五退一，车 1 平 2，炮八平五，红方大优），车五平三，红方大优。

③马三进五

红方进马要着，为以后炮八平四形成连续攻击打下基础。

③……　　　　车4进2

④马九进八　卒3进1

⑤炮八平四

红方不能退马吃车，否则马1进3，红方攻势被化解。

⑤……　　　　车4平5

⑥炮五退四（红优）

①车八进三

红方进车捉双，迫使黑方一车换双，为破掉黑方士象创造条件。

①……　　　　车8进4

②车八平七　车8平5

③马七进五　车5退1

④车七进二　将4进1

⑤车七平四　卒9进1

⑥车四平三（红优）